中国娱乐大数据

Big Data of China Showbiz

翻开娱乐和明星背后的商业价值底牌

数托邦 著

人民东方出版传媒
東方出版社

图书在版编目（CIP）数据

中国娱乐大数据／数托邦 著. —北京：东方出版社，2014. 6
（数托邦大数据书系）
ISBN 978-7-5060-7542-8

Ⅰ.①中… Ⅱ.①数… Ⅲ.①文化产业—经济分析—中国 Ⅳ.①G124

中国版本图书馆 CIP 数据核字（2014）第 125401 号

中国娱乐大数据
（ZHONGGUO YULE DASHUJU）

作　　者：数托邦
责任编辑：薛　芊
出　　版：东方出版社
发　　行：人民东方出版传媒有限公司
地　　址：北京市东城区朝阳门内大街 166 号
邮政编码：100706
印　　刷：北京市大兴县新魏印刷厂
版　　次：2014 年 8 月第 1 版
印　　次：2014 年 8 月第 1 次印刷
印　　数：1—7000 册
开　　本：710 毫米×960 毫米　1/16
印　　张：12
字　　数：150 千字
书　　号：ISBN 978-7-5060-7542-8
定　　价：38.00 元
发行电话：（010）64258117　64258115　64258112

Contents

目录

第 7 章 107 陈坤与黄晓明，商业价值谁多谁少

第 8 章 123 “互联网思维者”装腔指南

自序

作为梦想以数据为人类创造价值的人们，现在是个幸运的时代，因为身处移动互联网、社会化媒体与大数据技术迅猛发展的大时代开端。

记得神州数码CTO谢耘在《转折》一书中提到，因为技术的爆炸式发展，现实生活中的一切，开始在IT和网络的世界里也有了一个虚拟的“映像”。而社交网络的出现，不仅将人类线下的社交行为“映像”到了线上，同时大大扩展了人们社交的广度和深度，也为我们研究基于社会化的人类行为，提供了更好的视角和手段。

正如麻省理工学院社交网络分析教授Deb Roy，在TED的一次演讲中提到，社交网络是观察现实世界的望远镜和显微镜，必然会对商业、政府以及个人产生深远的影响。

在社会化新媒体时代下，每一个人使用媒介、触达内容、互动反馈的行为，都不知不觉在发生变化。以影视产业为代表的媒体行业，在这波浪潮中，最直接地感受到了新媒体用户的力量。互联网思维改变一切，这种巨大的变化，使得内容的生产者和分发渠道自发或被迫地需要离用户和市场的需求更近。对社会化媒体用户的大数据分析研究，应运而生，且变得越来越重要。

我们看到，2013年开始，以《北京遇上西雅图》《致我们终将逝去的青春》《中国合伙人》《小时代》等为代表的一批国产电影，拉开了中国电影“观众中心制”的序幕。《人民日报》记者刘阳在《中国电影报》上发表的关于影视行业大数据的评论文章中，对这一现象如此描述：“‘观众中心制’恰恰与‘大数据’思维和操作方式的核心不谋而合——对观众和市场需求的高度尊重。从这个意义上说，虽然‘大数据’在国内影视产业中的应用才刚刚开始，虽然它的应用效果还没有在市场实践中得到充分的展示，但它对整个影视产品创作理念和生产机制的变革，却已经具有了里程碑式的意义。”

过去一年中，数托邦创意分析工作室对众多现象级影视作品和娱乐节目等媒体内容做了许多大数据解读的实践，本书就是这类实践的汇集。在本书内容产生的过程中，每篇大数据媒体内容的传播经历，让我们也切身感受到了新媒体与大数据结合产生的力量，而对新媒体时代消费者的研究，及其给行业变革与商业创新带来的深刻影响，才刚刚开始。

这里要特别感谢对本书内容的共同创作与支持的媒体合作伙伴们：

第 3、4、7、10、11 章，原载于《影视圈》杂志社和数托邦合作的“娱乐大数据”专栏，感谢《影视圈》总编刘海洋，主编林晶，专栏编辑谢刀刀。

第 1 章内容，感谢新华社记者刘景洋、周劼人。

第 6、9 章，感谢《壹读》杂志社。

第 5 章，感谢《中国广播影视》记者张梦依。

另外，还要感谢东方出版社的崔雁行老师和责编薛芊，没有他们的辛勤努力，此书不会如此迅速地面世。

数托邦

第 1 章

《爸爸去哪儿》凭什么火？

所有的人都有爸爸，约一半的人有机会成为爸爸，仅凭此，《爸爸去哪儿》火得就有“硬道理”。从舞台秀走向真人秀，《爸爸去哪儿》以近乎“零差评”的口碑实现了电视娱乐节目的成功转型。有观众说，在疲惫的周末夜晚，被“星爸萌娃”温暖后入睡，简直就是一次“治愈系”减压旅程。

《爸爸去哪儿》可以说是全民娱乐节目的巅峰，它如何变成一个全国性的现象，又如何突破了湖南卫视传统娱乐节目的收视天花板？

新华社新媒体中心联合数托邦抓取了新浪微博上提及“爸爸去哪儿”的45.5万条原创微博，并对36.7万独立原发作者用户（去除疑似水军账户）、1300余万条用户微博及近1亿的关系数据进行分析，得出结论：《爸爸去哪儿》不仅成为名副其实的“口碑王”，还使娱乐节目发生了很多微妙的变化。

超越《中国好声音》成为口碑王

通过与各节目同时提及的正负面词汇进行统计，《爸爸去哪儿》虽未完全达到“零差评”，但仍创造了高达89%的美誉度，其美誉度超过《中国好声音》《非诚勿扰》以及湖南卫视的《快乐男声》《快乐大本营》和《天天向上》等。

《爸爸去哪儿》的口碑既是湖南卫视的娱乐节目里面口碑最好的，也是2013年度所有娱乐节目里边最好的。观众的好评，促进了整个节目的口碑传播。

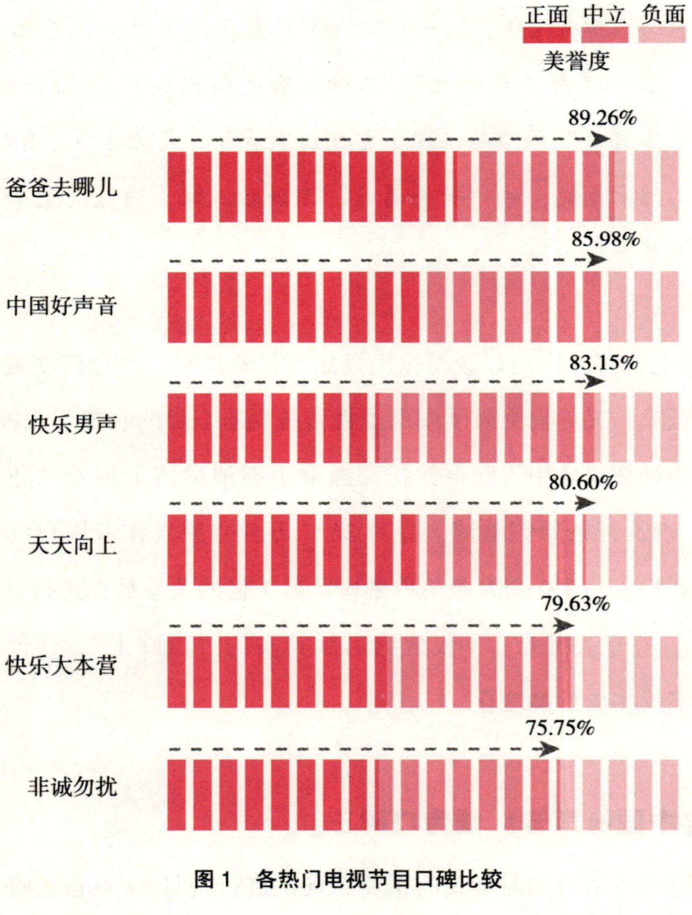

图1　各热门电视节目口碑比较

男女粉丝“二八分” 罕见攻下GDP高地

尽管父爱主题“男女通吃”，但分析得出的“爸爸粉”女性占到八成。难道是因为星爸太帅？当然，这与微博中整体较高的女性占比和她们更爱分享转评的习惯也有关。

女性在新媒体受众中是一个很重要的人群，尤其是对于娱乐节目而言。因为女性观众更关注时尚，关注男星，在社交媒体上更倾向于对娱乐节目进行观看和分享。电视娱乐节目的新媒体话题量和传播量，与女性用户的参与度和传播积极性直接相关。同时女性本身还是社交媒体用户中占比相对较高的一类人群。

图2 原发提及用户的男女比例

表1 《爸爸去哪儿》提及用户的地域偏好排行

偏好度排名	快乐大本营
1	湖南
2	黑龙江
3	吉林
4	辽宁
5	浙江

（续表）

偏好度排名	快乐大本营
6	河南
7	天津
8	江西
9	海南
10	河北

地域偏好度上以《快乐大本营》为例，其实可以看到，作为湖南卫视标志性的传统娱乐节目，它的主体偏好人群，还是以湖南本省、东三省（黑龙江、吉林、辽宁）等对娱乐节目有天然亲近的观众以及河南、江西、海南、河北等经济相对欠发达的二三线省份为主。

但《爸爸去哪儿》的前 4 期却显示出了对芒果台意义非凡的一大变化：它的主体人群突破了原先湖南卫视二三线高偏好困局，成功打入到了整个华东市场，如江苏、上海、浙江等。

不同于《快乐大本营》,《爸爸去哪儿》的观众明显向 GDP 高地聚集，对湘派娱乐节目免疫力极强的京、沪、苏、蜀等地罕见上榜。《爸爸去哪儿》偏好度前十省份中，有五个是 GDP 十强，涵盖三个直辖市。这是否能说明：一部分“先富起来”的人，对亲子关系有更深的焦虑和期待？

从每期的地域偏好趋势图中，可更清晰地看到这种变化，在预告期和第一期中湖南观众的占比还是比较高的。但是随着节目的不断播出，节目讨论增量在北上广中体现明显，反之，湖南的占比则不断下滑。

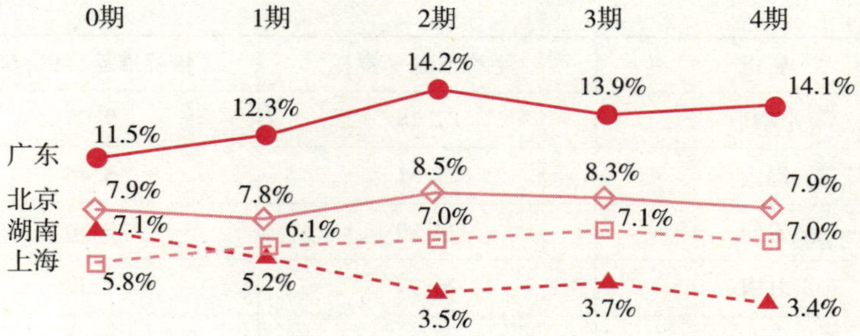

图 3 《爸爸去哪儿》提及用户的地区占比变化趋势
（第 0 期为预告期，早于第 1 期一周播放）

覆盖适龄婚育群体　观众气质更显成熟

表 2 热门电视节目的微博提及用户年龄分布

节目	平均年龄（岁）	2 倍标准差（95.5%）
中国梦之声	24.52	10.58
中国好声音	23.15	10.84
爸爸去哪儿	22.18	9.08
天天向上	21.73	9.12
快乐男声	20.29	9.3

表 3 《爸爸去哪儿》提及用户主要省份年龄分布

省份	平均年龄（岁）	2 倍标准差（95.5%）
北京	24.01	10.26
上海	23.45	9.61
天津	22.60	7.81
山东	22.38	9.23

（续表）

省份	平均年龄（岁）	2倍标准差（95.5%）
平均值	22.18	9.08
湖南	21.51	8.45
贵州	20.90	8.30
甘肃	20.77	7.37
广东	20.56	9.55
海南	20.53	7.59
广西	20.29	8.18

在几档人气节目中，“爸爸粉”的年龄横跨“50后”至“00”后。以北京为例，主体观众覆盖了从高中生到大学毕业十年左右的人群。不少适龄青年发微博称：“看到××，我也好想结婚，想有个这样的儿子/女儿。”有趣的是，北京和上海的“爸爸粉”年龄明显偏高，不知是否与两地剩男剩女大量堆积有关。

《爸爸去哪儿》的观众，属湖南卫视电视综艺娱乐节目中心绝对“高龄派”，更准确地讲，是平均年龄最高的。湖南的节目主体受众是大学生。《爸爸去哪儿》已经拉高了湖南卫视观众整个的年龄层次。我们可以看到，像北京、上海、天津、山东这样GDP比较高的省市的观众的平均年龄更高。这也说明，更高GDP省市的人群收看这个节目的年龄层次整体也会更高。不仅是对娱乐节目原先有爱好的人爱看这个节目，还有更多相对高龄的人群加入进来。这也从另外一个层面说明《爸爸去哪儿》的观看人群突破了原来湘派娱乐文化的主体受众。

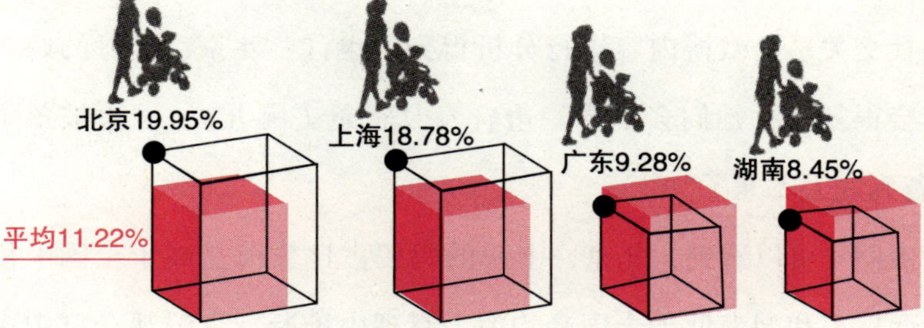

图4　《爸爸去哪儿》微博提及女性用户中妈妈的比例

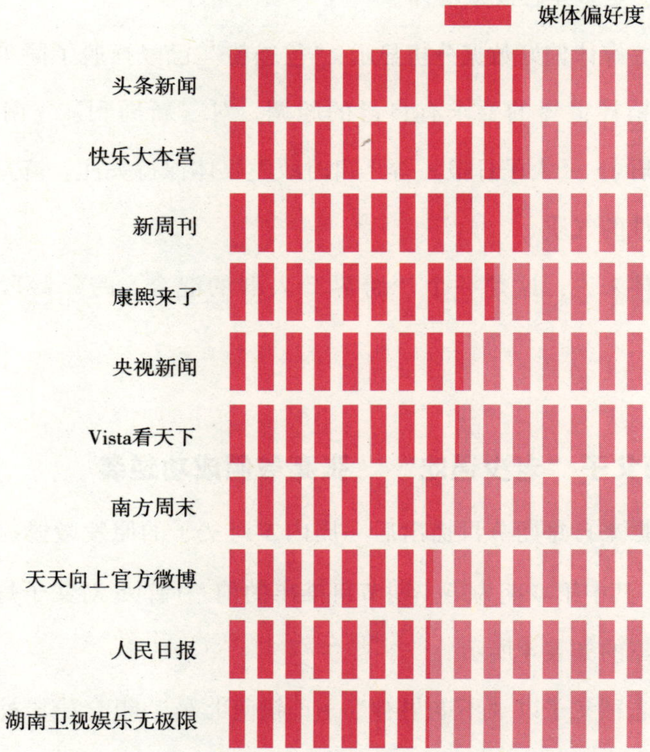

图5　《爸爸去哪儿》提及用户关注偏好之娱乐榜

一组有趣的数据，依据数托邦自主研发的机器学习模型，根据用户的社交关系及微博内容进行分析得到。也许，北京、上海的妈妈们心情会很复杂，她们会不会一边看着《爸爸去哪儿》，一边被孩子问"爸爸到底去哪儿了"?

由图 4 可以看到，北京、上海的妈妈占比数值是高于全国平均值的，而广东和湖南低于全国平均值。有理由推断，京沪观众群中多是处于育龄或已为人母的女性，而粤湘娱乐节目的粉儿中更"有模有young"，更多年轻观众群体。

图 5 媒体偏好数据分析显示，"爸爸粉"已经摆脱了简单的快乐至上，对精神世界的要求有自己的腔调。对《新周刊》、《南方周末》、《央视新闻》、《人民日报》等严肃时政类媒体保持关注，流露出更为成熟、理性的气质。

总体来说，这是一个"跨界"人群的混合：跨年龄段、跨兴趣爱好。

林志颖父子"老少通吃"　张亮爷俩成功逆袭

数据来自每期节目播出后一周内 5 对父子的原发微博提及量（含昵称），其中第 0 期为第一期节目推出的前一周。5 对父子每期提及量排在前三的如表 4 所示。

林志颖父子以"不老男神"+"超萌北鼻"组合稳居榜首，曾经的少女偶像首次以父之名，以温情和耐心感动观众。田亮父女综合实力排名第二，奥运冠军成功转型，形象养眼、表现有话题性引发讨论。

张亮父子低调亮相，但在第四期凭借天天出色表现成功逆袭，赚足眼球，受益最大。

从预告期到第三期，林志颖和 kimi 一直是最受大家关注的一对明星父子。鉴于林志颖的超强号召力和牢固庞大的粉丝群体，将其作为主要“卖点”并试图打开节目营销局面，确实为一个不错的选择。高粉丝基础和高辨识度，成全了林志颖和 kimi 在前三期的“独领风骚”。

第四期，逆转出现，“理所当然”只是童话或幻觉，张亮和天天变成了最受大家关注的明星父子。相信没有人会否认，张亮是《爸爸去哪儿》一手打造并捧红的明星，是参与者中的最大赢家。他从一个知名度从没走出模特时尚圈的草根明星，变成了大众明星、全民男神。微博粉丝从最初的二十万迅速逼近两千万，身价也跟着水涨船高。

既然逆转出现在第四期，那第四期到底发生了什么呢？

表 4　五位爸爸的用户提及率排行（第 0 期为第 1 期播放前一周）

	林志颖	王岳伦	田亮	郭涛	张亮
0 期	★★★	★	★★		
1 期	★★★		★★	★	
2 期	★★★		★★		★
3 期	★★★		★★		★
4 期	★★		★		★★★

表5　五个宝贝的用户提及率排行（第0期为第1期播放前一周）

	Kimi	Angela	Cindy	石头	天天
0期	★★★	★★			★
1期	★★★	★★	★		
2期	★★★		★★		★
3期	★★★		★★		★
4期	★★		★		★★★

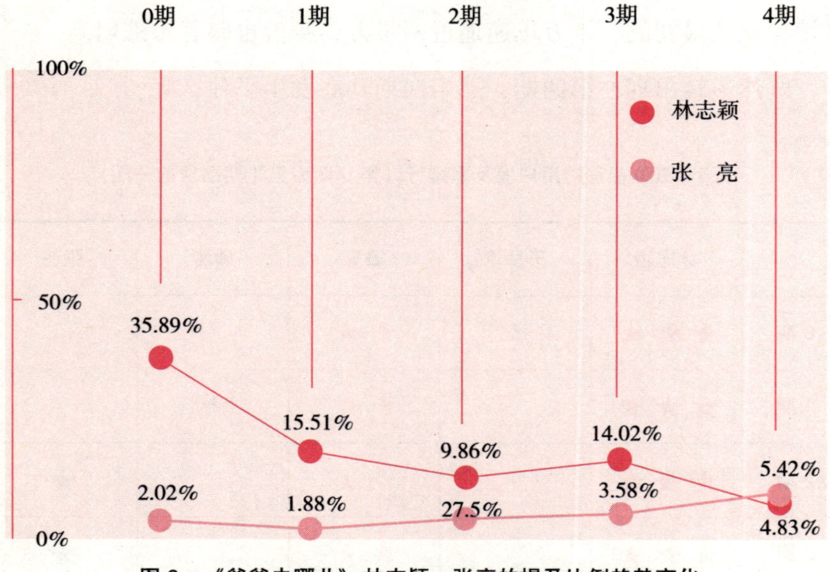

图6　《爸爸去哪儿》林志颖、张亮的提及比例趋势变化

那些广为传颂的笑点与泪点

爱的表达可以创造，大数据的新词识别并梳理发现了它们。真人秀电视节目中对于明星成功的情节设置，对于一个电视节目中的一个明星的养成，会起到非常大的作用。在第四期，我们看大家提及的各种热点内容中，天天护蛋的情节，是前四期节目内容中泪点最高的情节。所以从天天护蛋这个情节开始，这对父子真正成为了该节目观众

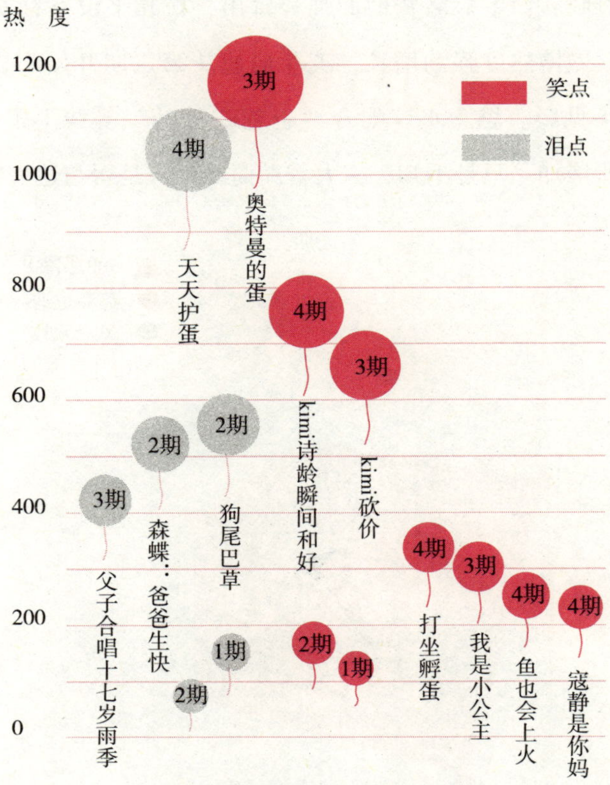

图7 《爸爸去哪儿》节目中看点提及排行榜

关注和喜好的重要元素。每一个笑点与泪点背后，是父亲和孩子终生难忘的成长故事，也是《爸爸去哪儿》留下的最温暖的回忆。其中，“奥特曼的蛋”已在淘宝出现，不少还号称“正品包邮”。“爸比、北鼻、森蝶”，台湾腔、川味英语与网络语言天生也没有违和感。

三大主赞助商回报大比拼

以节目播出前后微博热值变化作为赞助回报参考。三个互不搭界的品牌各有收获：主冠名赞助商强势冒出，在几乎没有社交媒体营销的配合下，微博热度强劲增长。英菲尼迪从第三期开始广告植入，话题增量立竿见影。思念水饺配合“爸爸吃神马”等线上下互动促销，参与度有所增加。只是不知，三大赞助商的投入是否与这一结果契合？

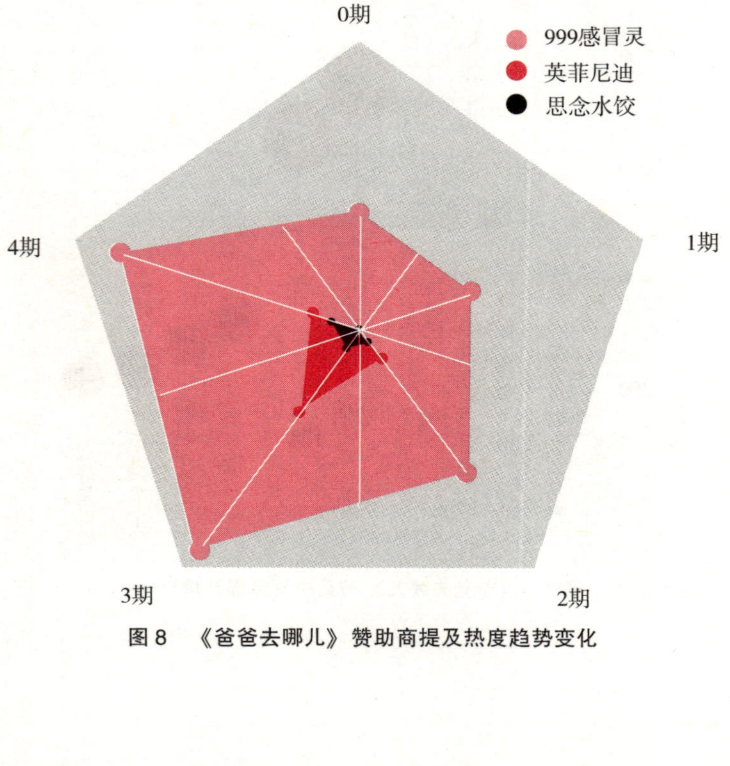

图 8 《爸爸去哪儿》赞助商提及热度趋势变化

《爸爸去哪儿》的主冠名商最早是美的。但是美的在节目播出之前，退出了《爸爸去哪儿》的广告投放，从而成全了 999 感冒灵以 2500 万广告费冠名了《爸爸去哪儿》。而在《爸爸去哪儿》第二季，要想拿下主冠名，则需至少出价三个亿。999 感冒灵可以说是这个节目的冠名商里最大的受益者。

2014 年播出的《爸爸去哪儿》第二季广告主有 3 个亿的主冠名费用，共计超过 5 个亿的节目广告赞助费，也说明了《爸爸去哪儿》这个节目的普适性和它的商业价值，这个节目在商业上的成功也会带给我们很多的思考。

《爸爸去哪儿》的成功，还有一个特别的背景，它从 2013 年第四季度开始，在非黄金档，周五晚上九点半以后播出。在一个非黄金档时间达到这么高的收视率和关注度，的确是非常惊人的。在 2014 年《爸爸去哪儿》第二季的播出时间会调整到第三季度的黄金档，而同阶段播出的是《中国好声音》的第三季。作为两档中国目前最火的综艺娱乐节目，2012 年成就了《中国好声音》的第一季，2013 年成就了《爸爸去哪儿》的第一季。2014 年，这两个中国最好的娱乐节目，在同一时间段 PK 的情况，会是什么样子呢？

表 6 《爸爸去哪儿》微博观众视频收看渠道分布表

	0 期	1 期	2 期	3 期	加权平均
优酷	2.82%	1.28%	1.66%	1.15%	1.41%
爱奇艺	0.87%	0.40%	0.51%	0.25%	0.40%
搜狐视频	0.78%	0.22%	0.44%	0.25%	0.33%
土豆	0.87%	0.23%	0.29%	0.32%	0.30%

（续表）

	0 期	1 期	2 期	3 期	加权平均
腾讯视频	0.17%	0.27%	0.28%	0.17%	0.23%
新浪视频	0.43%	0.02%	0.34%	0.18%	0.21%
乐视网	0.48%	0.18%	0.13%	0.07%	0.13%
360 影视	0.07%	0.03%	0.16%	0.06%	0.09%
PPS	0.11%	0.06%	0.11%	0.05%	0.08%
百度视频	0.02%	0.01%	0.01%	0.01%	0.01%
酷 6	0.04%	0.01%	0.00%	0.01%	0.01%

这是对于微博观众群体的视频网站来源的分析，代表了观众的网络收视渠道。优酷排在第一，第二是爱奇艺，第三是搜狐视频。从第二季开始，爱奇艺购买了《爸爸去哪儿》的网络独播权。而腾讯视频则买断了《中国好声音》第三季的网络独家视频的播放权。所以 2014 年不仅仅是湖南卫视和浙江卫视的这两档娱乐节目在第三季度周五黄金时间段的 PK，也是爱奇艺和腾讯视频借助这两个节目内容在网络视频领域的 PK，我们拭目以待。

第 2 章

《舌尖 2》如何唤醒全民味蕾

《舌尖 2》来了，比你想象的更加凶猛和令人惊艳。

杀入烽火周五档、周播、双屏联动、品牌“O2O”、全媒体整合传播……此次不凡的出手，同样需要不俗的角度和方法来观察与剖析——微博监测。

数托邦全程跟踪《舌尖 2》纪录片主题播出季，从大数据角度拼图舌尖的另一个侧面，提供另一视域下的分析样本以飨真伪吃货。

首集：微收视逆天　各年龄段通吃

全民舌尖　雄踞双屏

《舌尖 2》一播出，周五黄金档注定不平静。

一增一减直接反应在微博独立用户提及率数字上。数托邦跟踪各节目播出当天晚上 7 点至 12 点的新浪微博核心用户的发博行为，对独立用户提及率进行了统计。

分析发现，《舌尖 2》首次亮相就成全民现象，独霸双屏。第一期独立用户提及率惊人地高，达 49.6‰。若将当天晚上发了至少一条微博的核心用户界定为活跃用户，这一数字相当于每 20 个活跃用户中就有 1 个发布了与《舌尖 2》有关的微博。

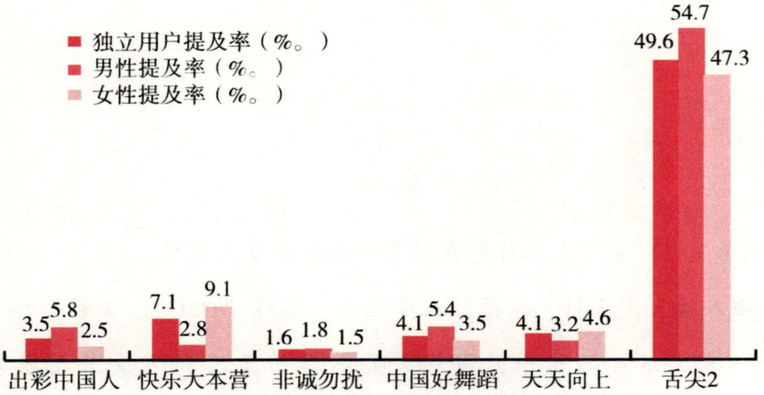

图1　独立用户提及率及男女提及率

反观其他几大热门综艺节目，独立用户提及率不及《舌尖2》的个位数零头。湖南台《快乐大本营》、《天天向上》继续领衔，微博提及率分别为7.14‰、4.14‰。新节目《中国好舞蹈》首次亮相也很抢镜，独立用户提及率4‰强，甚至超过劲牌综艺《出彩中国人》（3.53‰）和老牌综艺《非诚勿扰》（1.58‰）。

男性深娱乐　或更关心口腹之欲

相比《舌尖1》，《舌尖2》增强了对社会文化的挖掘，更多人物故事，更多人文情怀。在观影方面，男性显示出更多的“深度”气质。性别提及率数据分析结果也表明了男性更关心口腹之欲。男性独立用户中提及《舌尖2》的占比高达54.7‰，女性的这一数据为47.3‰，性别偏好比（男/女）为1.16∶1，也就是说男性对该节目有更高偏好。

有一组数据可用作参照：大型励志真人秀节目《出彩中国人》

性别偏好比（男/女）为2.4∶1,《快乐大本营》的同一数据为0.3∶1。

或可说，男性更多深娱乐，女性则多浅娱乐。

吃货集散地　陕西黔西南有料

北上广，一线城市不假，但说是吃货集散地？还差点，远不能代表吃货们的真实水平。

《舌尖2》独立用户原创提及率北京最高，为62.75‰；旁边的卫嘴子天津也榜上有名，排名第九。陕西臊子面和蓝田裤带面让“面霸”陕西省出尽风头，该地域的提及率60.81‰，排名第四。乐山豆花、煎饼卷大葱都为四川和山东的节目提及贡献了话题。

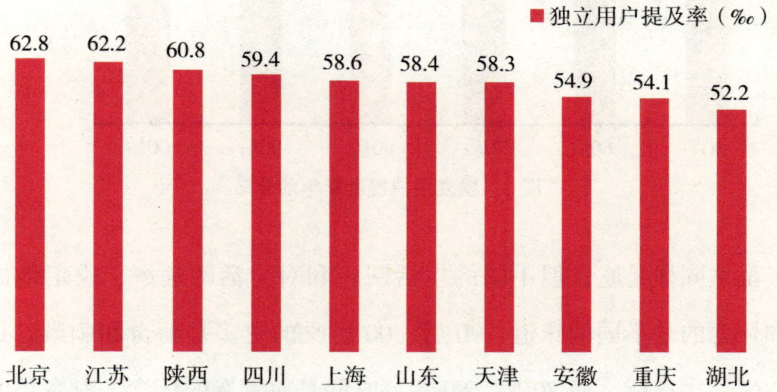

图2　独立用户提及率地域排行TOP10

望潮、跳跳鱼，俨然浙江台州好味道，但浙江的提及率排名十二，49.72‰。无美食代言的江苏却提及率居高，凭62.21‰的提及率排名第二。同样，雷山鱼酱、丝娃娃、糯米稻花鱼和潮州春卷，虽然各个都是顶好中国味道，但广东贵州两地的提及率排名却倒数。

同样的吃　不同的味道

微博上提及《舌尖2》的独立用户，多处于19~30岁的年龄区间，平均年龄24岁左右。从代际来看，70后、80后为主要关注人群，60后和90后为第二关注梯队，50后和00后为第三梯队。整个年龄呈“钟形”分布。

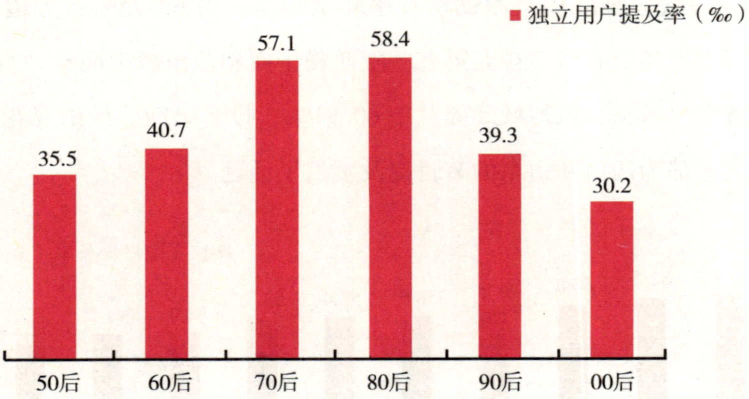

图3　独立用户提及率年龄分布

虽然同样是吃，但不同的生活阅历和对生活的理解，决定他们感受和怀念的是不同的味道。90后、00后吃的更多是新奇和刺激，是味蕾的又一次旅行。而70后、80后，吃的是对青春的怀念，对乡愁的祭奠，对过往的追忆。

KOL 全无抵抗力　轻松占领 V 级高地

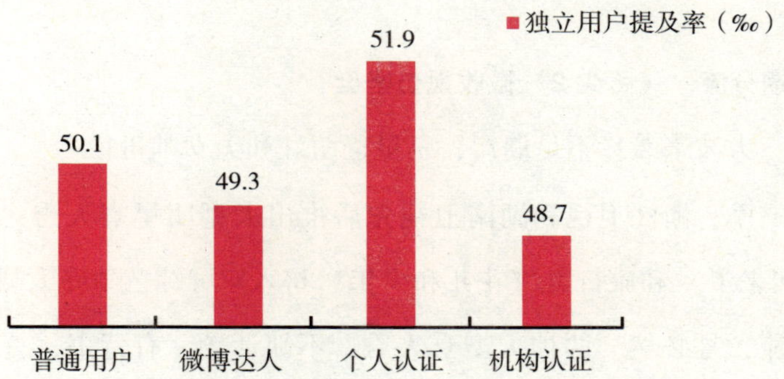

图 4　独立用户提及率认证类型分布图

微博上 KOL（Key Opinion Leader）自发参与话题讨论，是一个节目“火”的标志之一。橙 V（个人认证用户）、蓝 V（企业认证用户）、达人、普通用户，全部“沦陷”。从粉丝质量指标看，《舌尖 2》的提及用户中，粉丝数 1000~1999 个的占比最高，双向粉丝数中 300~399 个的占比最高。优质用户参与传播，在微博特殊的传播动力机制下，《舌尖 2》没有道理不刷屏微博。

火爆延续，《舌尖 2》第二分集《心传》的双屏高收视毫无悬念。面对半路杀出的《舌尖 2》，周五烽火档又怎样变局？《舌尖 2》又将派生哪些话题？

《心传》：分流下坚挺　讨论现“长尾”

虽遭分流　《舌尖2》微收视仍坚挺

又一大波来袭！不是僵尸，是星爸萌娃和美女帅哥！

第二季，浙江卫视和湖南卫视先后推出大型明星真人秀，亲子类《爸爸回来了》和旅行类《花儿和少年》挤入双屏综艺争夺大战中。

分流，是必然。两档大型真人秀，不缺话题，有背书，首播抢镜不少。《爸爸回来了》和《花儿和少年》的独立用户提及率分别为8.62‰和10.72‰，秒杀《非诚勿扰》《中国好舞蹈》和《最美和声》，但稍逊于综艺不倒翁《快乐大本营》(13.7‰)。

虽竞争者众，但《舌尖2》第二集《心传》第二屏依旧保持坚挺，独立用户提及率为28.4‰，独立用户原创提及率16.6‰，仍以较显著优势保持领先。在对独立用户提及率进行统计的基础上，数托邦增设“独立用户原创提及率”指标，用来衡量监测时段所有原发微博中提及某节目的原创微博占比。撇除转发数据影响，原创提及的“原发”、“自主”将更真切反映某节目所激发的表达欲与分享欲，系更高层次传播效果的体现。纵向比，《心传》的相关提及数据较第一集《脚步》有所回落。

男女关注趋向均衡　性别偏好区分明显

对独立用户男女提及率进行持续跟踪，发现《舌尖2》第二集男女关注趋向均衡，性别偏好度（男/女）为1.059‰，第一集该数据为1.157‰。

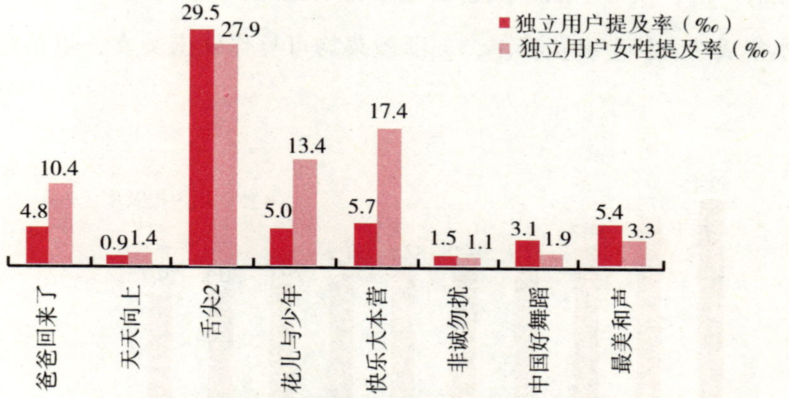

图5　八大节目独立用户男女性别提及率对比

尽管性别偏好趋向平衡，在一票综艺节目中仍有较高的区分度。本期监测的八大节目可大致分为粉红派和深蓝派两大阵营，前者女性偏好度高，《快乐大本营》《天天向上》《爸爸回来了》和新开播的《花儿与少年》都属于此类；后者则男性偏好度偏高，如《非诚勿扰》《中国好舞蹈》、《最美和声》和《舌尖2》。

浅娱乐和深娱乐之间，隔着一个《舌尖2》。

苏浙川徽占帮菜半壁　三湘吃货集体缺席

江南美女、很man的名士，大抵都很喜欢吧。

人如此，菜也如此。《舌尖2》第二集的独立用户地域提及率数据显示，江苏（苏菜）超过北京跃居第一，提及率高达39.4‰。四大直辖市均入榜 Top10，其中上海、天津和重庆分列二、三、四，北京则从第一集的冠军跌至第六。本集中川菜曝光率虽较高，但提及率却较上集略有下滑，没有了煎饼大葱的山东排名垫底。此外，挤掉湖北，浙江本集成功入榜。纵览榜单，苏浙徽菜均可算作江南美女，川菜则为名士。

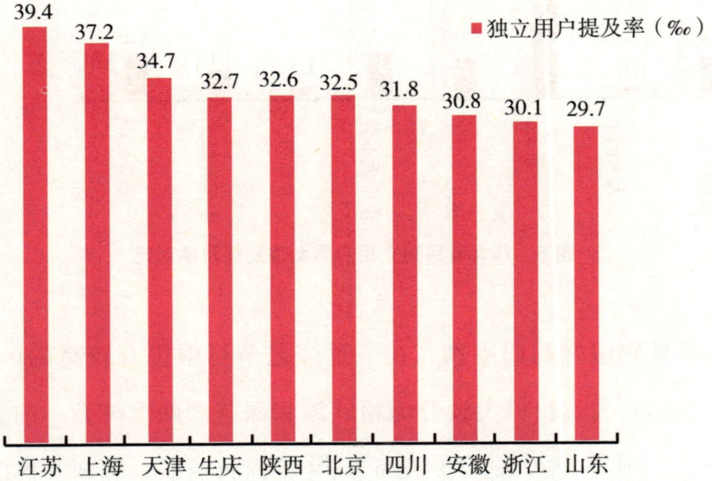

图 6　地域提及

川菜和湘菜在民国时期同属川式菜系，但在《舌尖 2》独立用户地域提及率排名中表现差异较大。湖南接连两次均未入榜。湘菜馆遍布全国，但三湘的吃货们去哪儿了？不得不说娱乐湘军的粉丝黏性极大，自家出品的《花儿与少年》和《快乐大本营》本省独立用户提及率达到了 28. 544‰和 21. 979‰，《舌尖 2》为 26. 16‰。

90后亲子00后粉偶像　80后你们去哪儿了

数据再次证明了《舌尖2》的“全民性”。从50后到00后，五个代际中《舌尖2》都抢占到了较多的提及量。横跨五个代际，既得益于“吃”题材的“普适性”，更重要的是取决于过硬品质的张力和内在价值观的渗透力。

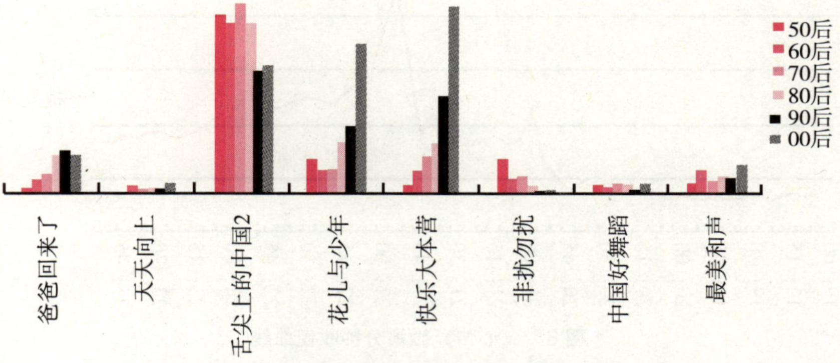

图7　八大节目中各代际人群独立用户提及率对比

横向比，有一些有趣的发现。各代际中，70后对《舌尖2》偏好度最高，《爸爸回来了》则90后偏好度最高，甚至超过婚育正当年的80后。青春偶像气质的《花儿与少年》更不用说，00后偏好度最高。70后琢磨舌尖和中国，90后开始潜心亲子话题，00后青春无敌追逐年轻，80后，你们去哪儿了？

《舌尖2》现两大起伏周期　多原因致讨论“长尾”

数托邦对各监测节目播出当晚19：00—23：55的独立用户的微博

分钟提及量进行了统计，并据此得到各节目微博分钟收视曲线。多屏融合，伴随用户观影行为的改变和评价指标的重置。一边观看一边刷微博，这一观影场景早已司空见惯。相比传统收视率，微博分钟收视更能反应双屏观众的收视互动行为特征，这也是从UGC（用户生产内容）到CGC（算法生产内容）的关键一跃。

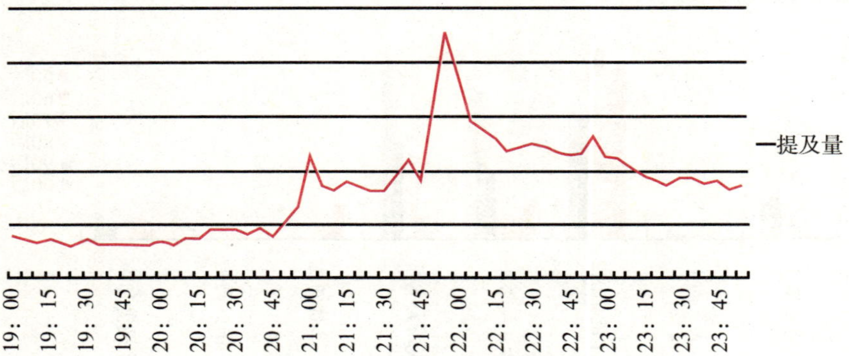

图8　《心传》微博分钟收视曲线

由《心传》的微博分钟收视曲线可以看到，20：45微博提及量仅为380条，在这之前微博提及量稳定保持在300~500之间。但之后讨论量骤然攀升，15分钟后提及微博数增至两倍多，21：00出现第一个高峰（1137条），这是官方公布的《心传》全国首播的时间。至21：45，第一起伏周期结束，该节点应为某两个赞助品牌广告时段，至此时长50分钟的节目也接近尾声。

紧接着，第二个起伏周期开始，21：50提及量1729条，21：55整个监测时段提及量峰值出现，为2289条。之后虽然回落较快，但直至23：10，讨论量都保持在千条以上的量级。据推测，该时段的高讨论量是几大原因叠加的结果：一是央视一套 21：00 全国首播后的发酵讨论；二是 22：00、22：59 央视九套和二套首播促使新的一部分用户加入观影讨论；三是《舌尖 2》央视和网络平台同步发布，网络的随时可获得性使得讨论量在集中爆发后出现“长尾”。

值得咂摸的一点是：23：00~24：00 原本为微博不折不扣的黄金期，但《舌尖 2》这一时段的微博提及量数字并不闪亮，反倒是《花儿与少年》同时段微博提及量轻松过千。归因为不同用户群最简单易懂，或者“另有隐情”？

面对半路杀出的《爸爸回来了》和《花儿与少年》，双屏收视陡生不少变数。星爸萌娃、美女帅哥、舌尖美食，谁能笑到最后？话说《脚步》播出后你们扫荡了雷山鱼子酱，这期你们准备对什么下“毒手”？

中场：口碑折戟“家常”争议大，年龄“剪刀差”泄密“代沟”

中场过半，收视率与口水齐飞。每周一次的“裸奔”（陈晓卿语），说起来却是泪。

微收视四周笑傲　坚挺下略有波动

《舌尖 2》选择周五黄金时段全国首播，与一票综艺节目正面 PK。毫无悬念，《舌尖 2》完胜，很霸气。独立用户提及率、独立用户原创提及率数据都显示，《舌尖 2》连续 4 周微博收视稳居第一，连环发酵。

在超高期待中迎来的第一分集《脚步》微博独立用户提及率近50‰，相当于当晚19点到24点，每20个发微博的人中，就有1个发布了与《舌尖2》相关的微博。“全民舌尖”，名副其实。第二分集遇《爸爸回来了》和《花儿与少年》这两档综艺节目分流，尤其是部分女性观众被“抢”走，收视略有下滑。5月2日晚播出的第三分集独立用户提及率15.98‰，或受假期影响。数托邦监测的其他综艺节目在五一假期的收视数据均出现下滑。假期后播出的第4集《家常》微收视出现小幅上涨，独立用户提及率达16.3‰。

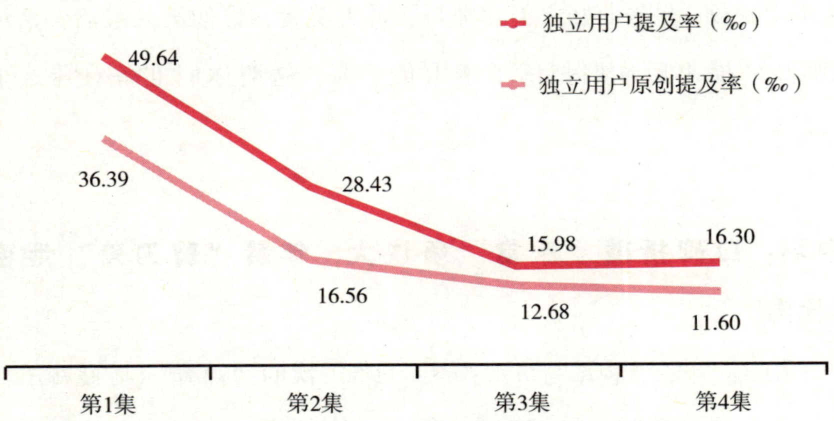

图9　前4集微博独立用户提及率和独立用户原创提及率

口碑争议中攀爬　“家常”折戟成拐点

数托邦使用自有算法对微博内容进行语义及情感分析，按照正面、中立和负面三个维度分别统计，在此基础上生成口碑指数。口碑监测现设有四个指标：微博口碑、原创微博口碑、人群口碑、原创人群口碑。它们互相映照，以降低偏差影响。

监测数据显示，《舌尖 2》前三分集的四个指标均呈持续攀爬态势，上半场口碑在《时节》出现峰值。故事多美食少、镜头抄袭等争议从《脚步》播出以来就没停过，但并未影响微博独立用户给出好评。反倒在一定的争议中渐增张力和韧性。

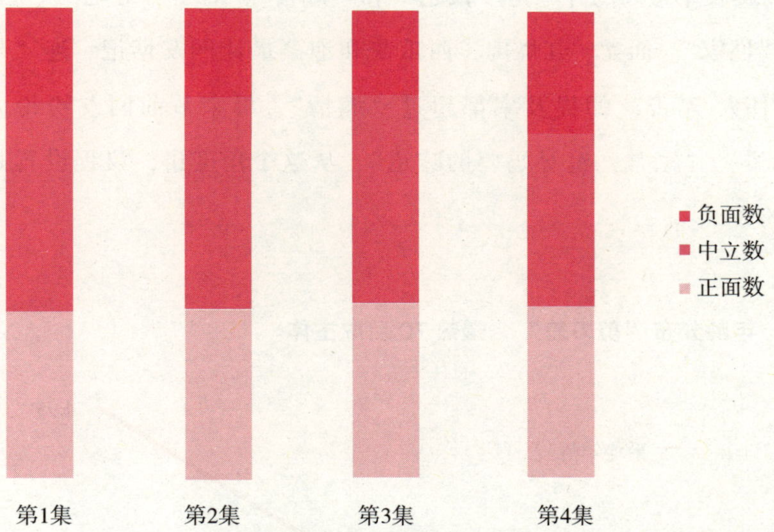

图 10　前 4 集微博口碑指数

第 4 集，情况复杂起来。从口碑指数来看，《家常》垫底。给好评的独立用户占比降低，给差评的升高，一升一降，直接导致该集口碑低于上半场平均指数。

口碑，拒绝简单绝对抽象化。

为什么给差评？数托邦对第 4 集独立用户发布的原创微博做了

二级关键词语义分析，可以大致回答“差评去哪儿了”。“学琴”和“生孩子”为两个最大的吐槽点，“偏题/跑题”、“煽情”、“说教”为提及最多的三组负面用词，“顽固”、“失望”、“夸张”等词提及量较高。

所感知的“意见环境”有时并不就是实际本身。用户用鼠标投票给差评，但情况也许没有想象的那样糟糕。实际情况是，二级关键词中，提及率最高的并不是“偏题”和“煽情”，而是“好吃”、“感激”和“回家”。面食、红烧肉、西瓜酱和泡菜最让网友惦记。连“母亲节/伟大/辛苦”的提及率都超过“煽情”，母亲节前网友纷纷微博“示爱”。“家常，追寻妈妈的味道”，从这个角度讲，议程设置是成功的。

年龄分布“剪刀差”　慢热 70 后成主体

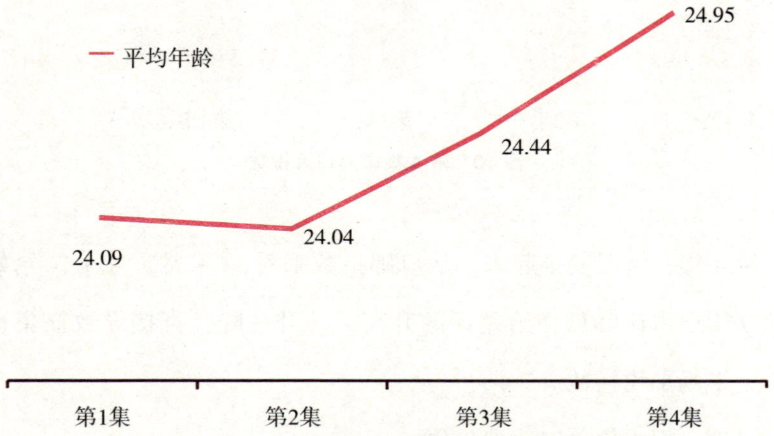

图 11　前 4 集微博提及独立用户平均年龄变化曲线

从第1分集的24.09岁增至第4分集的24.95岁，观看《舌尖2》的微博独立用户平均年龄增加了近1岁。考虑到独立用户人群中高年龄用户不高的占比，更加凸显高年龄用户的拉动作用。

分析独立用户人群代际结构，三条曲线惹人关注：70后和80后最开始对《舌尖2》持有同等的偏好度，但随着节目的播出，70后人群不断集聚沉淀终成主体人群，80后保持平稳，90后甚至包括00后则选择了逃离。

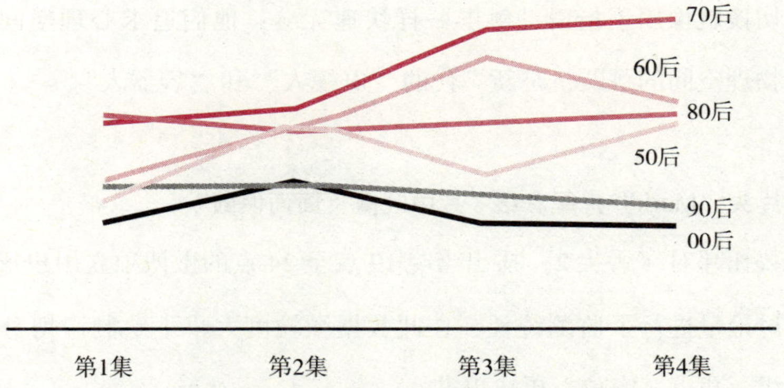

图12　前4集微博独立用户年龄代际分布变化图

“剪刀差”曲线表面反映收视人群年龄结构变化，实则说出了“代沟”的秘密。《舌尖2》并不是一部美食宝典，“食物只是出发点，食物背后蕴藏的人和人之间的关系”才是重点。情感、情怀、价值观不可避免渗透其中。Pass or not，用遥控选择的绝不仅仅是一个节目，更是隐藏的三观。

传播学中的选择性接触策略可以解释这种现象：受众并不是不加区别地对待任何传播内容，而是更倾向于选择那些与自己的既有立场、态度一致或接近的内容，不一致的内容会让他（她）产生不适感并感到压力，而这正是他们要极力避免的。

70 后显然对节目传达的家庭观和亲情观更有感悟和共鸣。他们慢热，但持久。对比 80 后和 90 后，70 后不论减少还是不增不减，都是一种态度。多元的背面，是撕裂。

当然这也与不同年龄群体的媒体使用习惯有关，比如 90 后更追求感官刺激和销蚀了距离的快感消费；在碎片化的传播中，他们对关注点的切换就像用手指滑动触屏一样快速无缝；他们追求心理空间的移位和物理空间的跳跃，是新一代的“电视人”和“容器人”。

片头“Mark”片尾总结　片中吐槽“面面俱到”

数托邦对《舌尖 2》播出当晚 19 点至 24 点的微博独立用户每五分钟的讨论量进行了监测统计，在此数据颗粒度大小下绘制微博分钟收视曲线。找点、定位、更快更准。

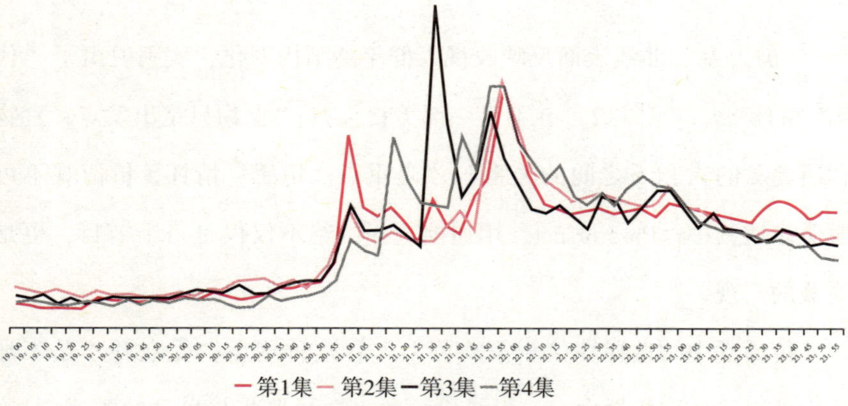

图 13　前 4 集微博分钟收视曲线

前四集微博分钟收视曲线都显示，21：00—21：05，首播后的五分钟是第一个讨论高峰——“Mark”潮，讨论量为前五分钟的至少两倍，第1分集一度高达三倍。社交网络上，“Mark”观看《舌尖2》更多炫耀和身份认同意味。21：50—22：00，节目播出后的十分钟为最后一个讨论高峰——“吐槽打分”潮，口水和收视率，看谁跑得更快。

吐槽，唯美食和情节不可辜负。

除去片头片尾各一讨论高峰，四条微博分钟收视曲线中出现的讨论次高峰或热议美食，如第1分集的跳跳鱼与山东煎饼、第2分集的“本帮菜”、第3分集的切糕；或质疑镜头，如第3分集的几个飞鱼镜头被质疑照搬BBC《生命》；或舌战情节，如第4分集的学琴、孕妇生产片段。其中，第3分集《时节》中飞鱼在前切糕在后，接连出现“成就”微博分钟讨论第一高点。天猫食品数据显示，第3分集播出当晚，切糕成交1900多笔。

陈晓卿曾在接受媒体采访时坦言，导演组一直留意观众们的收视反馈。《时节》就在播出前根据反馈做了紧急调整，“从善如流，砍掉了一些人的故事”。下半场，会在口水“围殴”中逆势生长吗？《舌尖2》边播边改，能看到几成Netflix的影子？大有被玩坏之势的“舌尖体”，到底在表达什么？

番外篇一：如何鉴定水军

《舌尖2》之《家常》一经播出，一大波差评袭来，数托邦微博大数据收视数据也显示，该分集口碑为前四集最差。是否有水军混迹其中，兴风作浪？不少网友质疑。

对此，数托邦综合利用机器学习和微博传播路径图两种鉴别手法，对5月9日到14日微博平台上关于《家常》的讨论进行了水军鉴别判定。

事件回顾

将“舌尖2”设定为关键词进行搜索，搜索时间锁定为播出后七天，得到从5月8日到14日的百度指数走势图，如图14所示。

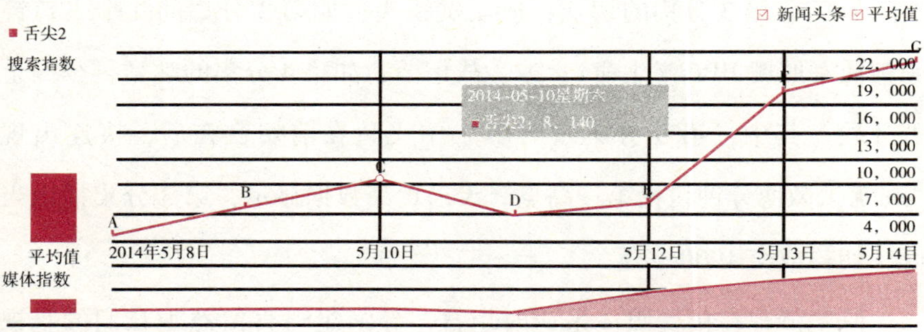

图14 《舌尖2》播出后七天百度指数走势图

由上图可看出，5月9日《家常》播出后，网民对《舌尖2》的搜索量开始增加，《舌尖2》引发关注。10号吐槽发力，主要集中在“美食太少”、“三观不正”两点。11、12日正值周末，讨论势头回落。周一继续发力而且更猛，“商演”成为新的吐槽点。媒体在5月11日开始借力跟进报道，反过来推动了网民的搜索行为。

在微博平台上，对《舌尖2》的关注和讨论有部分同样的变化曲线：播出后开始热议，13日达到顶峰。但11日和12日，虽然为周末，一般用户活跃度较低，但该话题热议度并未下降，而是持续升温。

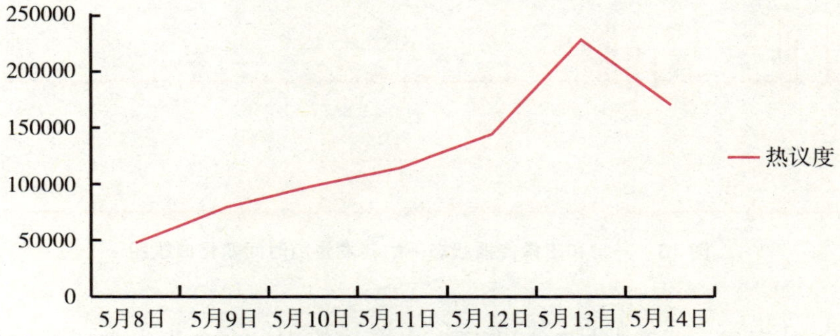

图 15　新浪微博《舌尖 2》播出后七天热议度

水军鉴别原理

利用计算机算法识别水军，简单来说，即通过对账号信息、发文特点、社交关系等指标进行机器学习，得到此账号是水军的概率分布，从而抽取高度疑似水军账号。数托邦的相关算法准确率接近 95%。

通过分析微博传播路径图来鉴别水军，则基于以下前提："水军"的每一次行为都会在信息传播结构图中留下抹不去的痕迹，大量的不正常传播行为体现在传播网络图中，就是一个较为异常的传播网络图。大量研究已经表明，在正常传播和异常传播两种状态下，传播路径图有不同的形态和特征。因此可以通过对单条微博进行传播路径图分析来判定其是否受"水军"操控。

研究发现，含水军的异常微博传播路径图主要有以下三个特点：

特点一：间歇直线规律。水军多批量匀速发送，表现在帆状图中就是一些直线，正常传播状态下有起伏，图 16 中上一条为含水军传播图，下一条为正常传播图。

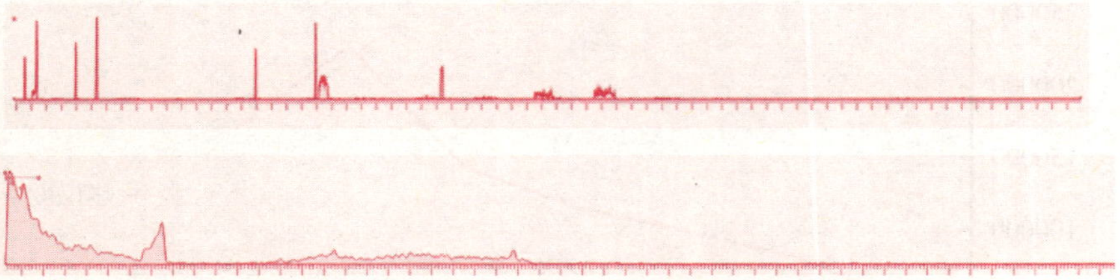

图 16　异常和正常传播状态下的转发量随时间变化曲线图

特点二：营销大号参与推广。水军运作中，多会先由微博营销大号，也即水军红号推广转发，随后带动次级转发。图 17 中，原发微博在几乎同一时间节点被十余个营销账号转发，水军操纵痕迹明显。

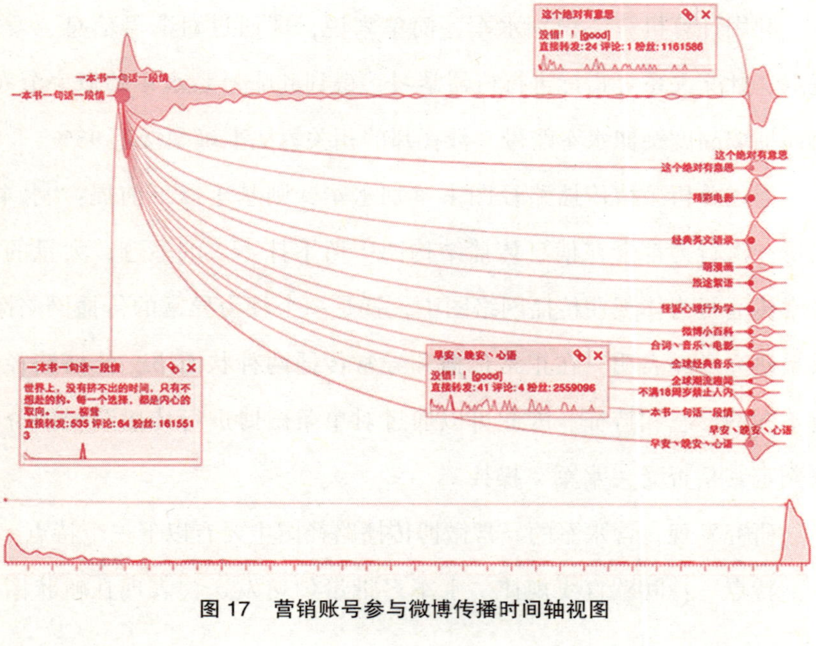

图 17　营销账号参与微博传播时间轴视图

特点三：有“水军”参与的微博，传播结构图多呈大个单朵菊花形状。“水军”造成花形很大，但由于水军不能带来下一层级的更多转发从而造成没有花簇，所以多为单朵花形。

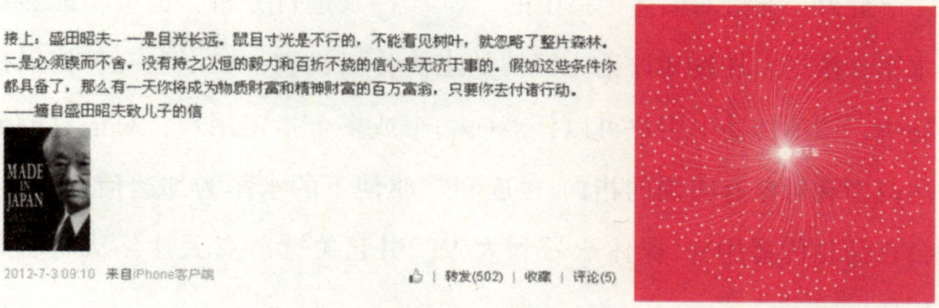

图18 有水军参与的微博花状传播图

但对于一个微博事件来说，仅此还不足以应对。

“水军”的目的和本质，使得其多会选择关键的传播节点发布关键微博信息，且发布者需具有较大的号召力、可信度、传播力和影响力。只有这样才有更大概率成为刺激舆论的动力源并吸引大多数网民转发评论，形成一个个重要的节点，控制局部小气候，并顺势产生连锁反应，控制事件的整体大气候，也即实现操控舆论走向、操控“意见气候”的目的。

基于以上判断，可以认为对于整个微博事件的水军鉴别，可以从对关键微博的传播网络结构图进行分析入手，判断其是否有水军渗透其中，并从局部小气候的判断出发，对整个事件的信息传播属自然传播还是异常传播做出综合判定。

在该研究思路之下，可操作性做法大致为：通过百度指数和微博指数对特定事件进行回顾，找到研究有效时间段，并通过热议曲线和搜索曲线确定关键时间节点，在关键时间节点附近选择关键微博，对关键微博逐一进行传播路径图判定，最终综合以上判定，对微博事件是否受水军操纵给出初步结论。

此外，通过对微博传播中的“@”提及进行分析，也可辅助鉴别水军。推送、转发和评论为微博的主要传播机制，在以上三种传播机制中，微博传播中用户可以任意@一个或多个指定用户，对信息的通达范围和对象有明确的指向。“逐利”驱使下的水军为加速信息扩散，会在信息传播中@ 媒体账号和大 V，引起关键节点关注，从而引爆传播。

《家常》个案分析

结合事件发展特征及微博平台的传播情况，此处共选取了六条关键微博，综合应用两种鉴别方法逐一进行疑似水军分析。

1. @舌尖上的中国　5 月 9 日

http://weibo.com/3236907767/B3tUmkY1I

【舌尖2《家常》幕后花絮出炉！ 】千里跋涉，寻找家的味道；细心观察，记录团聚时刻。彻夜守候，见证生命诞生；分享快乐，品尝人生百味。用#舌尖上的中国第二季#导演邓洁的话说，拍摄奔波的近一年时间，一直在吃百家饭。家在路上，饭菜却格外香。来看看新鲜出炉的幕后花絮吧！ 舌尖2《家常》幕...

5月9日 12:49 来自微博 weibo.com | 举报　　(214) | 转发(1350) | 收藏 | 评论(931)

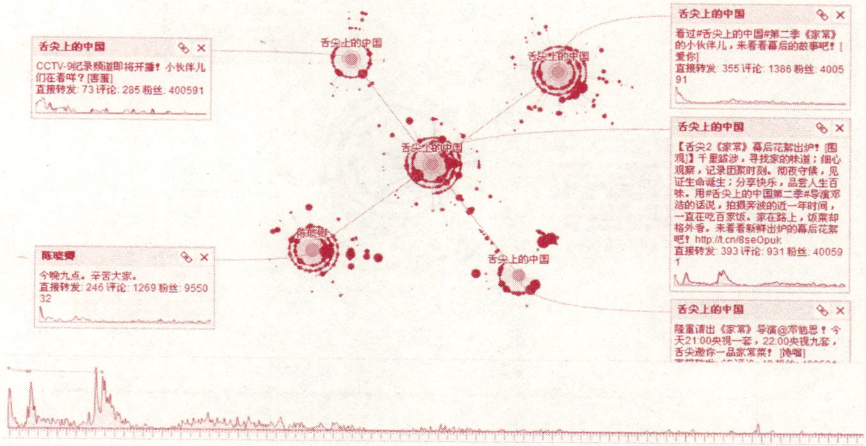

圆环视图呈现多核，且均为@舌尖上的中国官方微博，极大排除了水军参与嫌疑，转发量曲线也无异常。

2. @舌尖上的中国　5月9日

http://weibo.com/3236907767/B3xMc7D5A?mod=weibotime

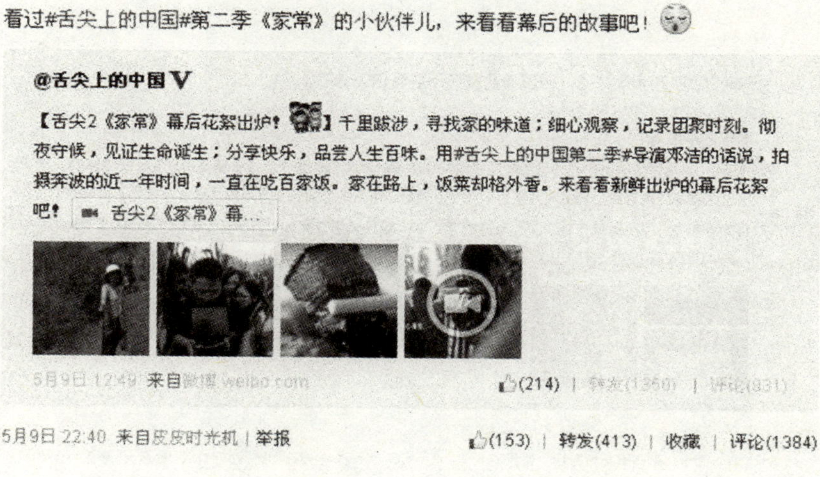

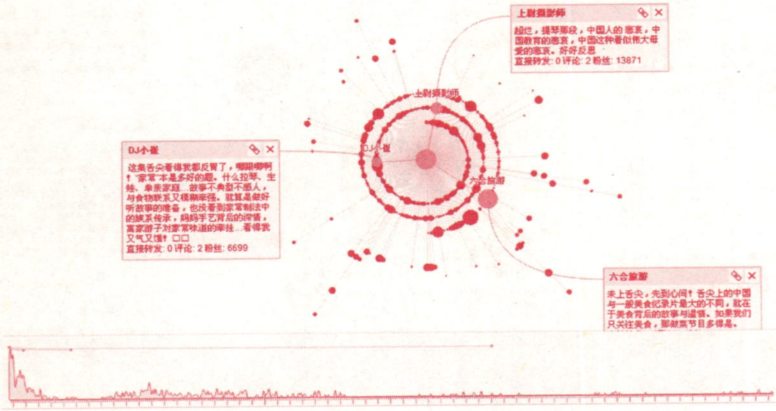

上图为播出当晚@舌尖上的中国摄制组官微发布的一条微博传播路径图，从圆环视图中可知，该微博转发层级为 2，且第一层级转发率超过九成。转发量的时间变化曲线也呈自然起伏状态，而非水军操控下"间歇性直线"的异常传播状态。

3. @舌尖上的中国　5 月 13 日

http://weibo.com/3236907767/B4553tcqU?mod=weibotime

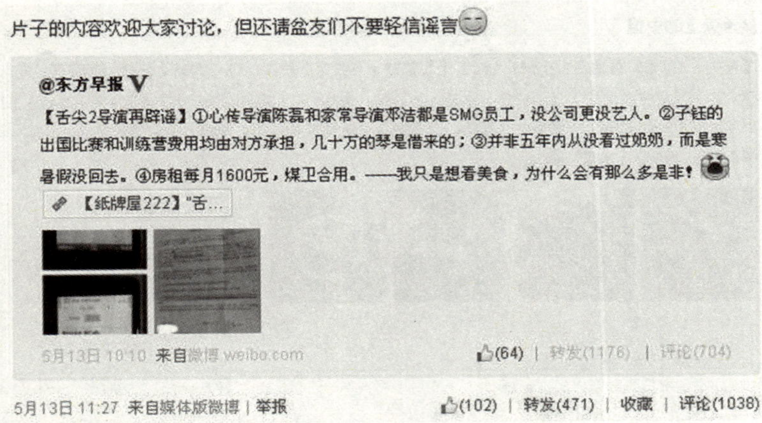

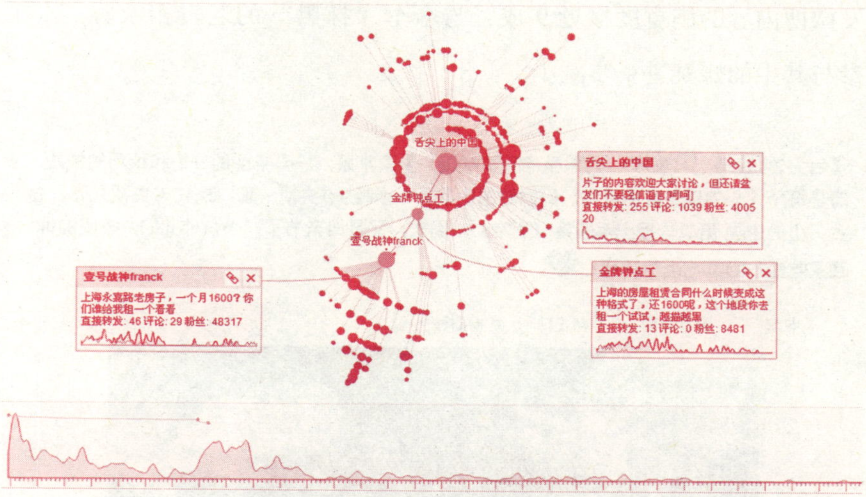

转发层级较多，即花簇较多，且关键节点为中 V，属正常用户。转发量的变化也属正常状态。

4. @央视新闻　5 月 9 日

http://weibo.com/2656274875/B3s0Y67ka#_ rnd1400151518967

经数托邦自有算法分析，该条微博转发总人数（去重后）6946 人，其中疑似水军人数为 398，水军比例约为 5.73%。带来转发量最多的 Top5 账号为：@央视新闻（带来转发量 2009）、@舌尖上的中国（233）、@咔咔菌酷酷的说（143）、@彧木（140）、@饼饼子_五个字买买买买买（139）。经查，均为正常用户。

被“@”最多的账号 TOP5 依次为@央视新闻、@舌尖上的中国、@似溪美人、@圆滚滚肉团团、@耕耘煮妇。经查证，后三个为个人非认证用户，共被@7 次，远不是水军的量级。

口碑监测，正面占比 36.01%，中立 55.35%，负面 8.63%。对原发微博内容的满意度接近 9 成，与水军“抹黑”的逻辑相矛盾，水军参与其中的嫌疑进一步减少。

5. @新浪娱乐　5 月 10 日

http://www.weibo.com/1642591402/B3CjxiAdV

传播路径圆环视图，单核但花型大，花簇多，转发链较长，转发贡献率大的几大节点均为正常用户，水军参与嫌疑较小。

【《舌尖2》再遭吐槽：美食太少 三观不正】昨晚，《舌尖2》播出第四集《家常》，不少网友纷纷吐槽称这简直是前四集中最失败的一集。不仅展现美食的桥段太少，上海红烧肉做法不正宗，片中表现的河南母亲为女儿学琴，五年不见丈夫、连家人病危都不回去看一下更是三观不正。详情：http://t.cn/8sDp3LU

5月10日 10:13 来自微博 weibo.com | 举报　　(1481) | 转发(1791) | 收藏 | 评论(2037)

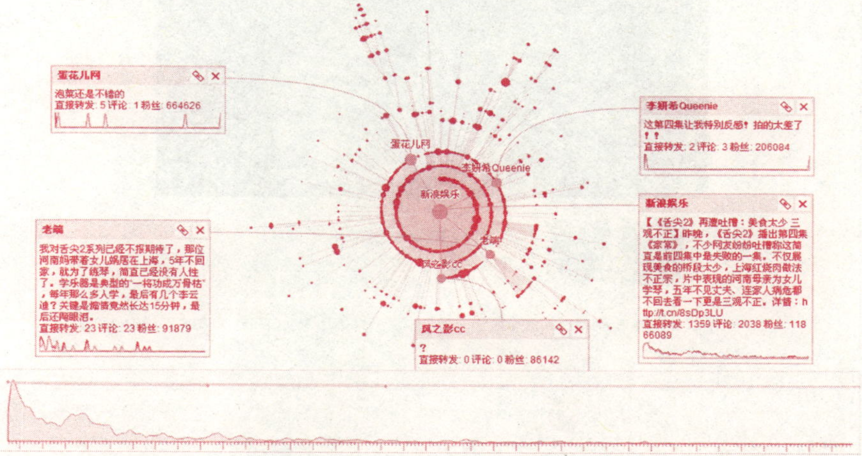

6. @新浪娱乐　5月13日

http://www.weibo.com/1642591402/B44WXof7O

利用数托邦自有算法对该条微博进行了疑似水军分析。分析结果显示，该条微博转发总人数中疑似水军人数为149，水军比例约为4.09%。分析该条微博的"@"提及，"@"最多的五个账号为：@舌尖上的中国、@陈晓卿、@央视新闻、@沈宏非、@舌尖上的中国第二季。三个媒体账号均为央视系，至于陈晓卿和沈宏非，前者为《舌尖2》总导演，后者为顾问，看不出为“抹黑”造势的倾向。下图的传播路径图也说明，该条微博疑似水军占比较低。

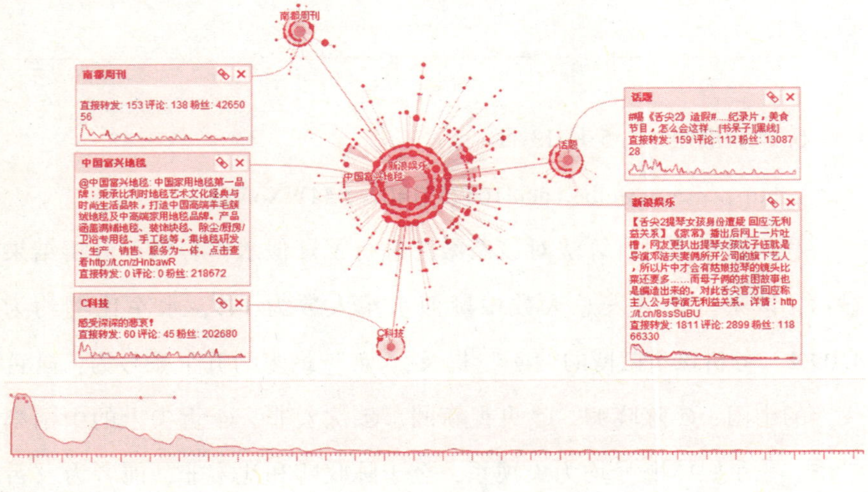

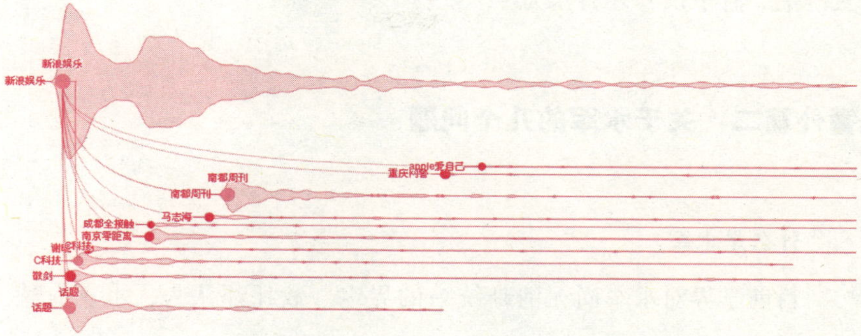

转发层级分析结果显示，该条微博多层级转发，第一层级转发占比 67%，第二层级 24%。转发量随时间变化曲线，在经历首次曝光后的大量转发后消停些许时间，5 月 13 日 12：20 之后转发量猛增，@话题、@南都周刊、@南京零距离等几大媒体账号的跟进贡献了不少转发量。口碑方面，正面评价占比 12.64%，中立 44.85%，负面 42.51%。该微博评论整体呈负面，经过微博放大效应，进一步渲染了对《家常》的负面情绪。

结论

按照前述部分的判定逻辑，当关键节点的微博均未出现明显的水军参与痕迹时，水军操控整个微博事件的嫌疑较小。

在注意力经济时代，好口碑固然重要，但前提是成功争夺到了注意力。“负面评价”多从情感分析的角度来进行阐述和解读，若放至注意力经济学的框架下，它也是注意力的一种表现形式。爱的对立面不是恨，是冷漠。同理，相比差评满天飞，也许更让你纠结的是压根没人讨论。有争议，才有张力。

番外篇二：关于水军的几个问题

什么是水军？

目前学界对水军尚无清晰统一的界定。数托邦认为，水军有狭义和广义之分，在微博上，狭义水军多指临时征集来为特定人或事转发评论造势的群体或个体账号，由人工或机器算法操控，多为商业利益服务，发帖内容并非个人意愿的自由表达，常批量化合作完成。实质为虚假账号。广义的水军则包含网络推手，也即所谓的 online pushing hands。普遍认为，营销大号不属于水军范畴。

水军的目的何在

抹黑也好，漂白也罢，水军的目的归根结底只有一个，那就是造势。背后最大的驱动力则是获得商业利益。在微博上，造势成功的途径也是标志之一，就是“诱使”网民关注参与讨论，引起巨大讨论量，从而登上热门话题榜，走到台前。

水军严格把关拟投放的水军帖，要保证达到激发网民的互动欲望，并自发参与传播，自动完成信息接力的目的。如此一来，虽然水军仍然混迹其中，但由于大量网友被成功“诱使”参与传播，表现出真人参与的正常传播状态。

水军操作的几大原则

水军深谙受众心理和网络操作规则。"实利原则"、"热点搭车"、"情绪休克"都是水军屡试不爽的"诱使"因子。对处于广义水军金字塔顶端的网络推手，水军灌水已经成为推出作为幕后主使的自己的一种方式。炒作话题，顺势推出自己，之后借势转战开展商业营销或公关。这些门道早已被"立二拆四"和捧红芙蓉姐姐的职业推手陈墨多次自曝。

不可忽略的草根大号

值得关注的是，抹黑/漂白中，草根大号和民间意见领袖也掺和其中。经由这些红人大号的微博账号发布信息，虽然手法异于水军操作，但却"异曲同工"。甚至凭借其强大的信息送达能力和累积的社会资本，造成更为"超预期"的传播效果。在《舌尖2》的微博传播中，这些专事"抹黑"的红人大号的身影并不难寻觅。

关于《舌尖2》，经数托邦分析观察，主要的吐槽和差评，尤其转发较多的微博，是一些有较大影响力的KOL草根账号借"舌尖"的势，以参与吐槽调动了网友的互动，借势增加了其新媒体影响力。

差评也是爱

道高一尺魔高一丈，水军如幽灵无处不在却又挥之不去。相比大批虚假账号带来的伪口碑，真人参与传播明显更具参考价值。在注意力稀缺时代，最怕的不是骂你恨你甚至黑你，而是无论如何"诱使"

他都无所谓不在乎。一个不恰当的比方，“哀莫大于心死”。在如此多元开放的时代，做到零差评越发困难，如何看待差评这件事，是每个身处新兴媒体时代的个体和群体都需要面对和思考的问题。

对于《舌尖2》也同样。虽然差评，但无妨。因为是真实用户参与传播讨论，可以实现应对和引导。当“商演”等各种谣言和抹黑言论甚嚣尘上时，《舌尖2》官方微博不失语，及时发文澄清引导，并对微博舆情敏锐捕捉理性应对。好的产品终究会自证价值。而对于网友，给他们优质满意的产品，他们会立刻化恨为爱。这不，据数托邦最新微收视监测数据，《舌尖2》第五分集《相逢》口碑一扫前一集的阴霾，成为《舌尖2》播出以来口碑最好的一集。

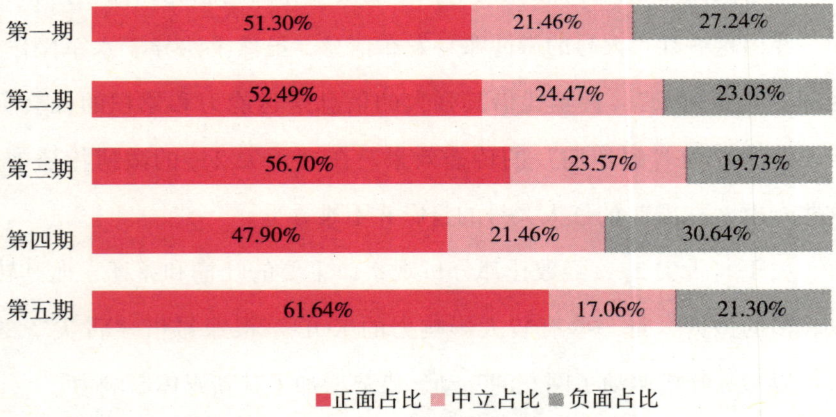

图19 《舌尖2》前五期口碑监测结果

爱的对立面从来都不是恨，而是冷漠。

第3章

《快乐大本营》PK《非诚勿扰》

今天，你在微博、微信里和朋友分享了你刚看过的某个电视节目了吗？我们看不到你的微信圈，但确实不少微博爱好者的微博内容都和他们喜欢的电视节目有关。

用户习惯、终端介质与新媒体的变革已经推动电视行业进入了多屏时代。随着互联网用户对电视节目讨论的持续升温，节目内容的好口碑及话题性，已开始反向促进或影响电视台对节目内容的选择与制作。多屏时代的到来，同时也让电视内容的生产者开始留意节目的在线营销，让广告商开始关心社交媒体用户群的构成与他们以往每年花了大把银子试图吸引的一般电视观众，到底有多大的区别。

据悉，《华尔街日报》在它的 *Social Guide* 电视节目评分服务中引入了尼尔森公司编制的“Twitter 评分”。结果发现，在有些最热门的电视节目和所谓的“第二块屏幕收视率”（也就是发微博讨论所收看的电视节目的人数，本文简称“微收视”）之间存在着不小的差异。事实证明，Twitter 上讨论最多的电视剧往往都不在热播剧之列。而在国内，这样的情况也屡见不鲜。

数据分析的结果表明，微博用户和传统电视观众在构成和兴趣点上都存在较大差异。去接触并理解前者，则是娱乐大数据要做的事情。

《影视圈》杂志联合数托邦，将关注的目光投向了在微博上热议电视节目的观众群体。我们挑选了两档电视节目的观众进行对比：一档是湖南卫视王牌综艺节目，即已经红火了16年的《快乐大本营》；另一档则是自2010年初首播起便成为街谈巷议话题的江苏卫视热门婚恋交友节目《非诚勿扰》。Q&A，在社交媒体上谈论它们的观众究竟是怎样的一群人。

分析方法说明

数托邦使用相关的数据抓取软件对2013年1月至9月期间新浪微博上提及《非诚勿扰》和《快乐大本营》这两档节目的微博进行了抓取，通过所抓取的微博抽取原发作者用户，经过去重、去机构、去水军等技术处理，得到可直接用于分析的用户资料数据库。根据数托邦已有的人群分析体系及技术，层层递进从多个角度对上述两档节目的观众群进行了全方位扫描刻画，包括：人口统计学基本属性分析、微博提及关键词提取、微博情感分析、观众群数据学三观分析等。通过对这些数据的解读，描摹两档热门综艺节目的观众群像。而在某种程度上，“这群人到底是谁”将决定节目的走向。

微收视

在电视台，分析观众口味的主要渠道是收视率调查。电视人通过数字高低来考量节目的成败，但对收视率背后的观众还有什么样的兴趣爱好、情感、态度及行为模式等一无所知。

而如果要做第二屏的收视率测量，深度嵌入人们社交圈子的媒体平台——微博，大概是当下最好的数据源。许多观众尤其是年轻观众已经习惯边看节目边刷微博。观众在微博上对某节目的转发、评论、点赞等行为多出于主动，且大多包含情感、态度等细节内容，数据规模也足够庞大，可用于形成新的收视率标准。

故我们提出“微收视”这一收视率新指标，通过对新浪微博上提及某节目的微博进行抓取分析，并对微博原发用户、微博内容进行二次挖掘与深度分析。

2013 年 8、9 月份《快乐大本营》与《非诚勿扰》各期节目的热度对比，下图中一目了然。

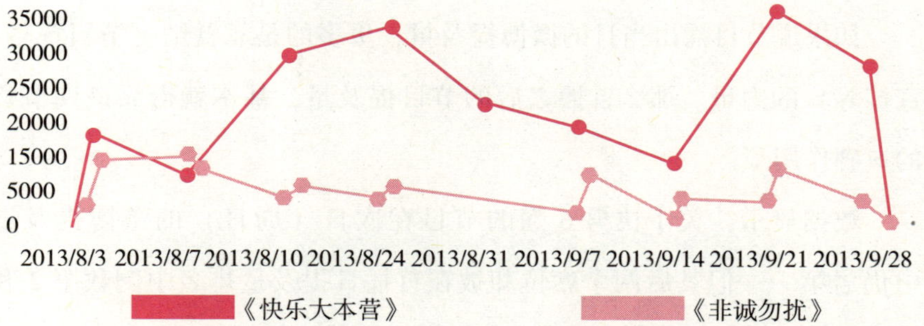

图 1 两档节目 8、9 月份“微收视”曲线图

以《快乐大本营》为例，在每周六节目首播日的相关微博中，《快乐男声 6 强华丽来袭 桓桓破功“甄嬛体”上身》以 37904 条微博的战绩荣登榜首，成为首播最受关注的节目。《吸血鬼伊恩秀骑技》（8 月 24

日）和《何炅宋茜互喂美食 陈晓现场表白赵丽颖》（8 月 17 日）分别以 34608 和 29664 的提及量排名第二和第三。

表 1 《快乐大本营》周六首播当日提及量排名

节目名称	播出当日提及量	日期
快乐男生 6 强华丽来袭　桓桓破功“甄嬛体”上身	37904	2013/9/21
吸血鬼伊恩秀骑技	34608	2013/8/24
何炅宋茜互喂美食　陈晓现场表白赵丽颖	29664	2013/8/17
魏晨武艺私密大曝光　孙坚“NO1 体”雷倒众人	28016	2013/9/28
林更新赵又廷抱团显“基情”	21424	2013/8/31

如果说节目播出当日的微博提及量，更多的是靠营销（节目预告、宣传等）的力量。那么首播之后的节目提及量，基本就得靠该期节目的口碑作用了。

数据显示，关于快男 6 强的节目在次日（周日）的微博提及量中仍居第一。但其后两个席位却被在首播日提及量排名中倒数第 2 和第 3 的《何润东自曝想明年结婚生子 大鹏朱梓骁童年囧照曝光》（9 月 15 日）、《章子怡何炅秀蕾丝装 曾一鸣含泪告白女神》（9 月 8 日）夺得。

表2 《快乐大本营》播出次日（周日）提及率排名

节目名称	播出当日提及量	日期
快乐男生6强华丽来袭　桓桓破功“甄嬛体”上身	41200	2013/9/22
何润东自曝想明年结婚生子　大鹏朱梓骁童年囧照曝光	6592	2013/9/15
章子怡何炅秀蕾丝装　曾一鸣含泪告白女神	4944	2013/9/8
何炅宋茜互喂美食　陈晓现场表白赵丽颖	985	2013/8/18
蔡卓妍霸气扬言“取代”娜娜探访谢霆锋大展厨艺	979	2013/8/11

观众群：年轻屌丝 VS. 高大上

性别：阴盛阳衰

从数据显示的性别构成来看，两档节目的观众群都呈现“阴盛阳衰”的局面，《非诚勿扰》观众群女性占比约为三分之二，《快乐大本营》女性占比超过八成。这一女性观众比例也超过了《中国好声音》《中国梦之声》和《快乐男声》。

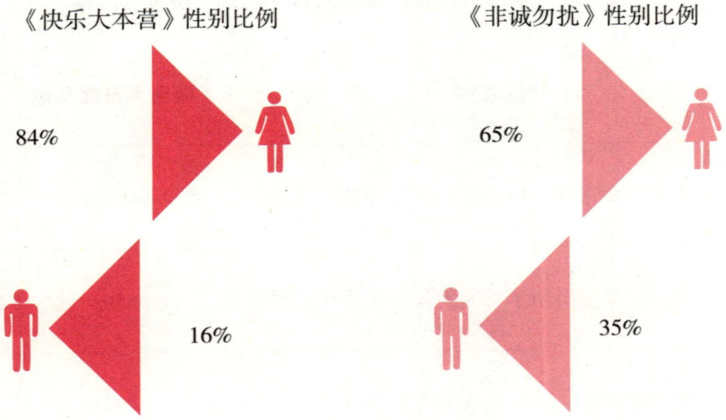

图 2　《快乐大本营》和《非诚勿扰》提及用户性别构成

年龄：80 后逃离　00 后融入　“快本”一直很年轻

90 后女性观众为这两档节目共同的粉丝主力。《非诚勿扰》观众群平均年龄为 23. 62 岁，其中 90 后占到六成，80 后超过三成，还有 3% 的用户为 70 后。《快乐大本营》的观众群体中则有更多的 90 后，更少的 80 后，70 后几乎可以忽略不计，00 后占到 2. 5%，这样的年龄构成直接把该群体的平均年龄拉低到了 21. 14 岁。

我们用微博收视率数据可以更清楚地看到不同电视节目的人群年龄结构的特点。以 2014 年 3 月 14—16 号这三天（值周末）的微博收视率（微博独立用户原创提及率）数据为例，观察几个不同电视节目——《我是歌手》《3 · 15 晚会》《最强大脑》《不朽知名曲》的人群结构。可以看到，这几个不同的节目表现出了不同的人群结构的造型。《我是歌手》《不朽知名曲》呈 L 型，我们把 L 型叫作“青春派”，是一

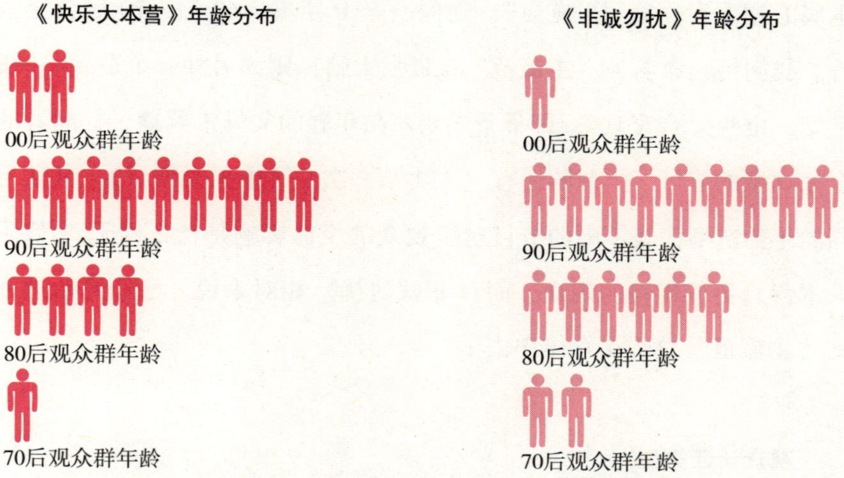

图 3 《快乐大本营》《非诚勿扰》提及用户年龄分布

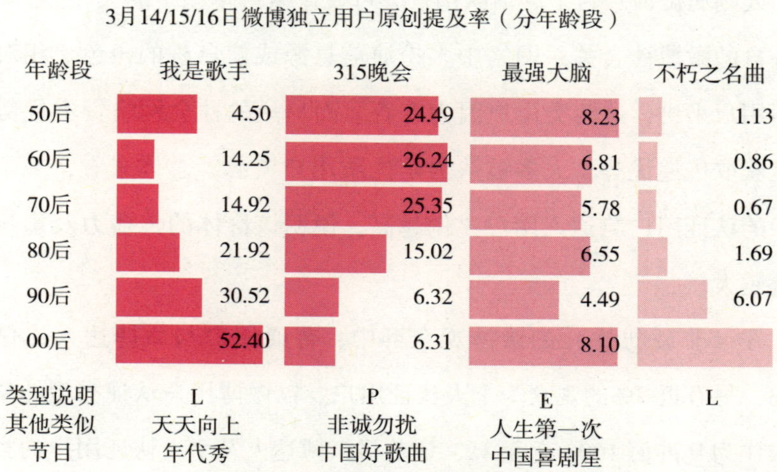

图 4 各节目分年龄段微博收视率

个非常年轻的群体，是 90 后、00 后更偏爱看的节目。《快乐大本营》也属 L 型。而“3·15 晚会”，则像一个 P 字型，50 后、70 后会更爱看。我们将其命名为“主流范”。《最强大脑》则为另外一个造型——E 字型，也叫“合家欢”：即爷爷奶奶辈与年轻的父母带着孩子一起看的全家欢型的节目。类似的还有《人生第一次》、《中国喜剧星》。其实不同的年龄造型代表不同的节目对于观众的主体影响是什么样子。《快乐大本营》更偏年轻的观众，而《非诚勿扰》相对来说，已经开始进入到“主流范”这个受众体中去了。

观众认证类型

一般来讲，个人认证用户可以看作是微博平台中的大 V 及中 V，在微博平台上保持有良好的信用记录，有一定的影响力及渗透力。微博达人则属微博平台上的活跃用户，可视作微博草根中的大 V 及中 V，在各自的微博社会关系网络中多扮演信息源或信息桥的角色。相对于普通用户来讲，这两类用户因为有着显而易见的社会网络资本优势及信息获取传递优势，大多被认为是优质用户资源。总体来看，一个群体中的认证用户与达人用户比例越高，说明该群体的传播力及影响力也就越大。

在《非诚勿扰》的微博观众群中，普通用户与微博达人比例为 6∶3，另有近 3%的观众为个人认证用户。以微博用户认证类型的整体分布作为基准值 100，经测算，该节目微博达人及个人认证用户的类型偏好度分别高达 162、248。《非诚勿扰》吸引如此高比例的达人及认证用户参与观看讨论，在一定程度上说明了该节目的社会话题设置潜力及社会影响力。

《快乐大本营》的普通用户比例与《非诚勿扰》相当，但微博达人占比略高，1%的微博观众群为个人认证用户。

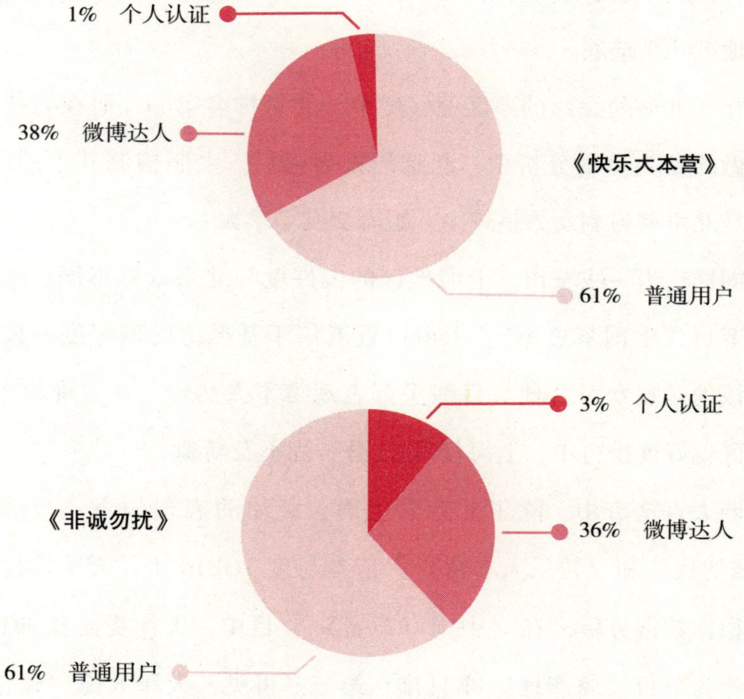

图5 《快乐大本营》与《非诚勿扰》提及用户认证类型分布

地域：得屌丝者得天下 京津表现惹关注

在《非诚勿扰》的4万多位微博原发用户中，北京、江苏、辽宁、山东、湖北、天津、黑龙江、河北、陕西、重庆的观众舆情参与度指数排进前十。《快乐大本营》微博提及率排在前十的省市则依次为：湖南、黑龙江、吉林、辽宁、浙江、河南、天津、江西、海南、河北。

两档节目地域分布有共同特点：观众对本地节目的偏好度都很高，两档节目都更受二三线城市和地区观众的追捧，其中东三省多数“沦陷”。除了少数几个一线城市挤入TOP10外，上海、广东、福建等几个发达地区几乎垫底。

在《非诚勿扰》的地区偏好度中，北京排名第一，而在数托邦往期所做的相关类别分析中，北京均排名靠后。大胆揣测其中的原因，可能是北京剩男剩女数量较多，婚恋交友需求大。

同样作为一线城市，上海地区的偏好度与北京截然不同。除了对本地节目《中国梦之声》，上海以近五倍于基准值的偏好度一枝独秀外，该地区观众对其他节目似乎都表现得不太热情。在《非诚勿扰》的地区偏好度排行中，上海仅得82分，尚不及新疆。

四大直辖市中，除了北京和上海，天津的表现颇令人玩味。在《非诚勿扰》和《快乐大本营》舆情参与度TOP10中，天津均榜上有名。根据数据分析，在《中国好声音》节目中，天津更是猛冲榜首，浙江作为节目“原产地”亦只排在第三。可见，天津人民“逗你玩”式的生活趣味导向，为此类电视节目的舆情发酵创造了适宜的空间。

提及微博语义分析

微博提及关键词提取

观察两档节目观众群微博提及的关键词，节目主持人、节目的特征、参加节目的热门嘉宾等都被一网打尽。当下热播的影视剧及综艺节目也有很高的“出镜率”，如《爱情保卫战》《爱情公寓》《盛夏晚晴天》《辣妈正传》等。此外，网络热词也多有出现，如屌丝、脑残、不忍直视、不明觉厉（网络用语，意为“虽然不明白对方在说什么，但是感觉很厉害的样子”）等。

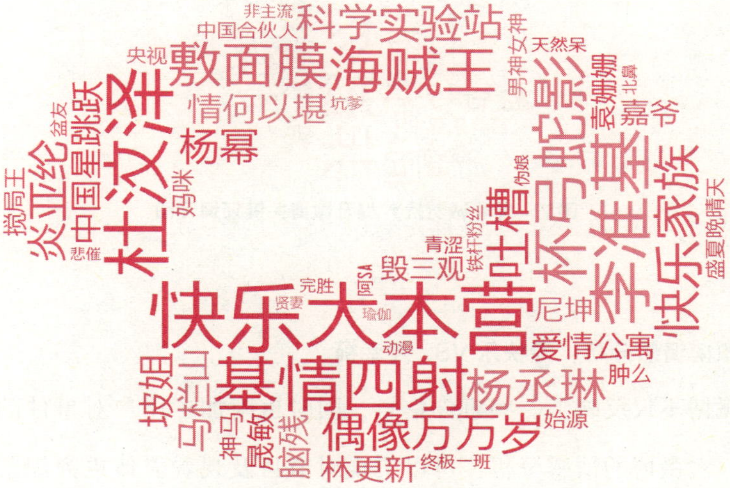

图6 《快乐大本营》提及微博关键词词云图

其中几个关键词的出现还比较有趣。在《非诚勿扰》的观众群微博提及关键词中，出现了“财经郎眼”、“仓央嘉措”，而在《快乐大本营》的微博关键词中，更多出现的却是“考完试”、“裸考”。这两个词最多出现在如下语境中：说好的晚上复习呢？结果看《快乐大本营》到现在，明天还要裸考。看来《非诚勿扰》的观众们已经摆脱了题海和考试的“蹂躏”，进入到左手财经、右手情诗的人生新阶段，而《快乐大本营》的小弟弟妹妹们还要在考试和节目中二选一，正所谓人艰不拆！

图7 《非诚勿扰》提及微博关键词词云图

微博情感分析：懂快乐 VS. 要幸福

微博不仅反映了一些事件信息，同时也附加了用户对事件的情感表达。对微博的情感分析，可以实现对节目及观看群体更为深层次的监测与理解。数托邦将微博的情感分为积极、消极和中立三类，通过自建的情感语料库对所抓取的微博进行聚类分析。

情感分析结果显示，观众在提及《非诚勿扰》与《快乐大本营》时多表达了积极的情感，占比不相上下，分别为42.6%和43.1%。但《非诚勿扰》似乎比《快乐大本营》更容易激发观众消极情感的表达。总体看来，《快乐大本营》的观众满意度（79.7%，满意度=积极情绪表达+中立情绪表达）高于《非诚勿扰》（75.8%）。

在积极情感表达用词中，《非诚勿扰》凸显“幸福系”色彩（如幸

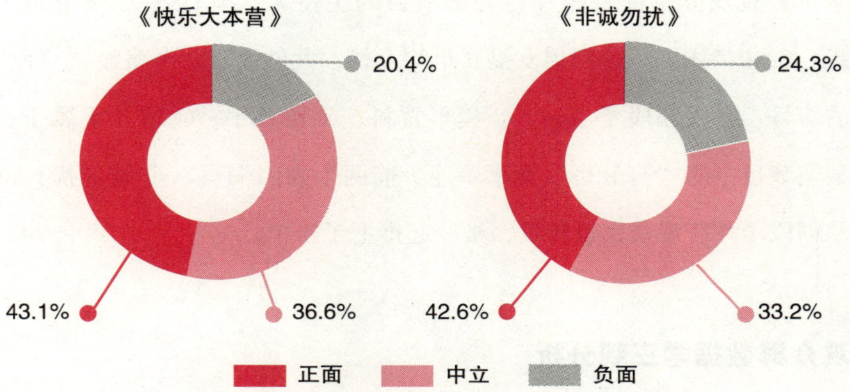

图 8　《快乐大本营》和《非诚勿扰》提及微博情绪分析

福、祝福、希望),《快乐大本营》凸显"快乐系"色彩(如开心、搞笑、兴奋),与节目播出平台的定位相契合。"幸福系"下,观众在观看中/后,多产生完美、勇敢、坚持、真诚、欣赏的情感体验;"快乐系"下则多出现好玩、嘻嘻、梦想等情感表达。同样是"感动"一词,在《非诚勿扰》中的提及率相较《快乐大本营》更高。

在消极情绪表达用词中,《非诚勿扰》观众提及频率最高的为"无聊"、"奇葩",而《快乐大本营》为"破"、"惊呆"、"不快乐"。

情感表达并无好坏之分,然而在距离上有远近之分。兴奋、好玩、不快乐等"快乐系"的积极情感更趋近"即时快感",这是一种销蚀了距离感的情感反应,直接、单向度。勇敢、真诚、欣赏、奇葩等"幸福系"的情感表达则趋近"延时慢感",多向度,情绪含义更为复杂。

提及账号分析

提及账号专指微博中的@行为。微博提及账号统计显示,《快乐大本营》观众群所提及账号均为该节目的主持人、节目嘉宾。《非诚勿扰》的主持团队、热门男女嘉宾也均上榜，此外还有几个略显“奇葩”的账号：@内涵段子 App、@糗事百科、@留几手。@留几手属于被某期节目中的“打分哥”无辜牵连，前两个则因编写《非诚勿扰》的原创段子并获观众大量转发，被一起推上了榜单。

观众群数据学三观分析

《非诚》中产小资，《快本》快乐至上

数据学也有三观，三观正不正，看看你关注的圈子便可窥知一二。数托邦集中分析观众关注账号中的个人账号及媒体账号两类。

按照观众关注偏好度降序排列，《非诚勿扰》个人榜 TOP50 中，节目主持及嘉宾圈、影视明星圈占据多半席位，剩下的则被毒舌恶搞段子圈、热衷于议论政事的“伪政治圈”瓜分殆尽。@作业本、@留几手、@清华南都 都是毒舌恶搞典型代表，@冷笑话精选、@我的前任是极品则可算是段子圈的极品。此外，“伪政治圈”中@作家崔成浩、@假装在纽约 也赫然在列。关注@伟大的安妮 则可以解释为向卡通形象“妮玛”作者致敬……

如果上述账号让你觉得有些纷繁复杂、甚至略有些重口味的话，媒体类 TOP50 的榜单则规整不少，格调也偏向于“高大上”。《新周刊》在媒体类偏好度排名中名列首位，@南方周末、@头条新闻、@Vista 看天下、@美国国家地理、@华尔街日报中文网、@南方都

市报、@三联生活周刊、@人民日报、@南方人物周刊、@财经网均榜上有名，党报、外媒、都市大报/刊都囊括其中。可见《非诚勿扰》的观众人群中不乏关注时政、重视思辨、乐见新锐者，亦可推断其中产背景。

表 3 《非诚勿扰》和《快乐大本营》个人关注偏好 TOP10

《非诚勿扰》	《快乐大本营》
1. @黄菡微博	1. @宋茜-fx--victoria
2. @作业本	2. @GameGyu88
3. @留几手	3. @杜海涛 Hito
4. @V 字的力量	4. @吴昕
5. @骆琦	5. @何炅
6. @宁财神	6. @李维嘉
7. @清华南都	7. @haohaohyuk
8. @张嘉佳	8. @Donghai1015
9. @孟非	9. @谢娜
10. @丁一晨 DYC	10. @陈赫

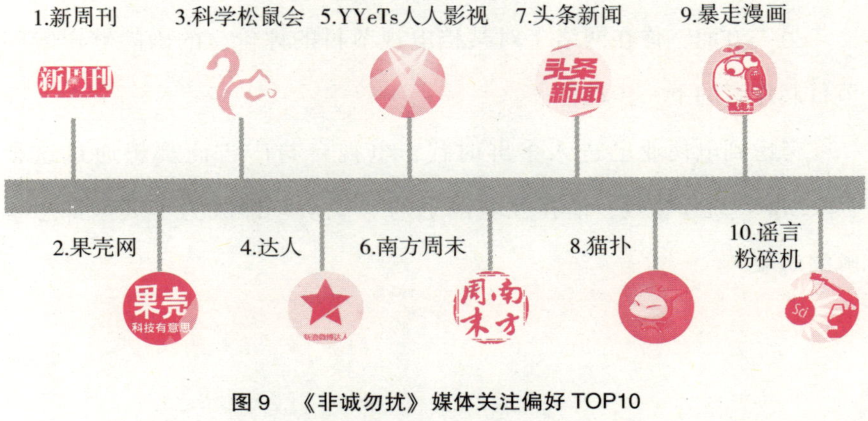

图 9 《非诚勿扰》媒体关注偏好 TOP10

此外，这群观众还有一股挥散不去的文艺知青范儿，他们爱科学（@果壳网、@科学松鼠会），爱美剧（@ YYeTs 人人影视、@谋杀现场法医），爱电影（@豆瓣电影）、爱逛论坛（@猫扑）、爱读漫画（@暴走漫画）……中产与小资文艺，并不矛盾，恰恰是一体两面。

相比之下，在《快乐大本营》的观众那里，一切都纯粹多了。《快乐大本营》一贯强调其以观众为主体的“娱乐天下”的节目宗旨，这一点在其观众个人偏好度 TOP50 榜单中亦有彰显。榜单中除了明星还是明星，内地、港澳台、日韩等地全面覆盖。观众关注的媒体类榜单，放眼望去则尽是明星贴吧、粉丝后援会等类似的账号。

结语

如果你的朋友在微博上发了与某个电视节目有关的微博，那么你自己也很有可能去找这个节目来看。不过在此之后，这个节目还得靠自己本身的魅力，才能继续赢得关注。

另一方面，你在网络上对某档电视节目的评价，的确能够影响到节目制作者的下一步动作。

考虑到电视业已进入多屏时代，电视台与广告商都想通过这种“第二屏”现象赚钱，潜在互联网上的“观众”即成为了大家都想了解的对象。

第 4 章

属于谁的《小时代》？

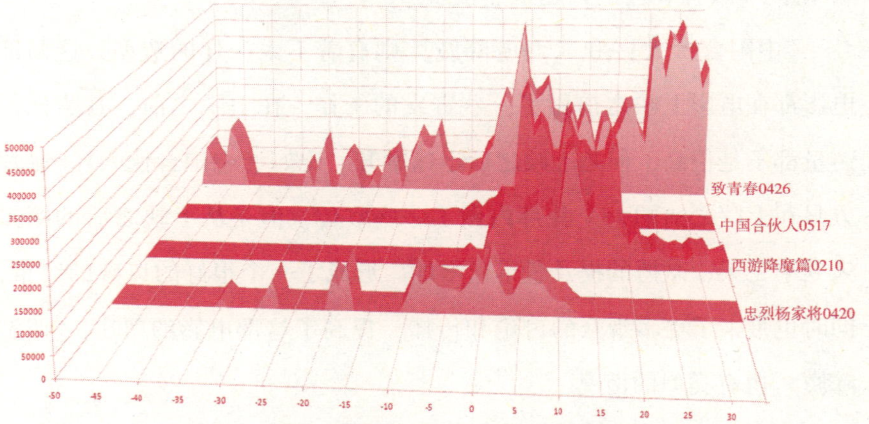

图 1　《致青春》等五部电影微博声量变化立体图

在电影界，大家有一个基于经验的共识：电影头三天的票房，主要是由营销动作带来的。通过宣传营销把观众“赶”进电影院去看电影。而之后的票房表现，则主要是由这个电影的口碑所带来的。所以我们可以从微博提及量来看一看 2013 年上半年热门的国产电影的口碑和营销方面的表现。

以《致青春》为例，可以说在此部电影上映前的一个半月，片方就做了较多的宣传动作，和《致青春》的潜在观影群体进行了较多的互动。整体来看，微博的声量一直还挺高，尤其在上映之前的一周左右，还有比较多的微博提及量。上映之后,《致青春》的提及量迅速攀升到一个很高的微博升量上，并且一直维持在一个相对高的点。大概在上映第 13 天的时候，又有一个高点出来，这个高点很可能是伴随着《致青春》的蓝光盗版碟的出现，以至于有更多的受众是通过其他的方式去看到这部电影，于是又引起了新一轮的讨论。一直持续到电影上映结束,《致青春》的话题依然很热。

《中国合伙人》和《西游降魔》则有着不太一样的造型。这两部电影都在电影上映之前做了一些宣发的工作，在上映之前，其实他们声量都不是很高，但是上映之后迅速攀升。比如《中国合伙人》，制片方只在上映之前的一个礼拜内做了一些宣传，但是从上映之后的第二天到第三天，微博的提及量迅速增加。形成了一个很好的口碑的声量，同时也带来了更多观众的讨论和传播，提高了这部电影的票房。《西游降魔》也有类似的情况。

但有一个相反的例子，就是《忠烈杨家将》。可以看到《忠烈杨家将》在上映之前的一个月，不断地有舆情尖峰冒出。这都是片方在主动做电影的宣传和营销，引发不少新媒体关于这个话题的讨论，去为这部电影造势。尤其是在电影上映之前的十天以内，频繁地制造大量的话题，也引发了很多讨论。因为《忠烈杨家将》是一部以几大帅哥为主要卖点的电影，本以为可以引发女性观众的热议和讨论。但是电影上映之后，不到两周，这部电影的话题提及量就迅速下降，说明这个电影口碑并没有达到之前的预期。可以理解为，这个电影在前期，营销方、宣发方是做了很大的努力，但是这部电影本身的质量和观众的口碑并没有那么好，所以慢慢人们的关注热情下降了。

你可以讨厌《小时代》，但你却不能忽视《小时代》的观众群，因为他们或许将决定中国电影的未来。

2013 年整个 7 月，有关《小时代》的争议都在不断发酵。从新浪微博的“大 V 联合论战”（史航、周黎明微博联手对抗《小时代》粉丝围攻）到《人民日报》发文批判，在各界对《小时代》的口诛笔伐中，处处可见“大神级”的高端黑。对立的一边，则是《小时代》庞大粉丝群自发地持续地坚强地激烈地捍卫着他们偶像的利益。在一片争议声中，成本仅 2000 万元的《小时代》获得了接近 5 亿元的票房。按投资回报比计算，它甚至有望成为 2013 年“最赚钱”的华语电影。

除了票房数据令人惊讶外，新媒体上的数据统计也足以说明《小时代》在市场上掀起的滔天巨浪。从微博提及量的数据统计图，我们可以看到，《小时代》上映第五天时，新浪微博上有关“小时代”的当日提及量达到了惊人的 195 万。相比之下，《致青春》《中国合伙人》《西游降魔篇》这几部话题影片，上映期间最高单日提及量都没有超过 50 万，仅相当于《小时代》的四分之一。

那么，《小时代》是属于谁的小时代呢？《小时代》的观影群体有何特征？他们在关注什么？这是我们关注的问题。

数托邦采用新媒体大数据分析手段，对《小时代》的观影人群进行了调查分析。接下来，就让我们从大数据的角度，对这部精确定位的所谓“脑残粉”电影的观影群体，知道得更多些吧。

数据采集

表 1　《小时代》观影人群数据采集方法

取样时间	2013-06-27 到 2013-07-01，即《小时代》上映之日起连续 5 天
微博抽样	每天抽取 2 万余条原发提及微博（即微博中包含“小时代”关键词），共采集到 106,674 条微博
用户抽样	从 106,674 条微博中抽取原发作者用户，去重后得到 100,815 位用户
用户筛选	采用数托邦工作室的核心算法（准确率超过 90%），去除高度怀疑是水军的账号 8,670 个，去除机构账号 945 个，共保留 91,200 位用户
群体微博	采集 9 万余位用户近期共约 900 万条有效微博

群体勾勒

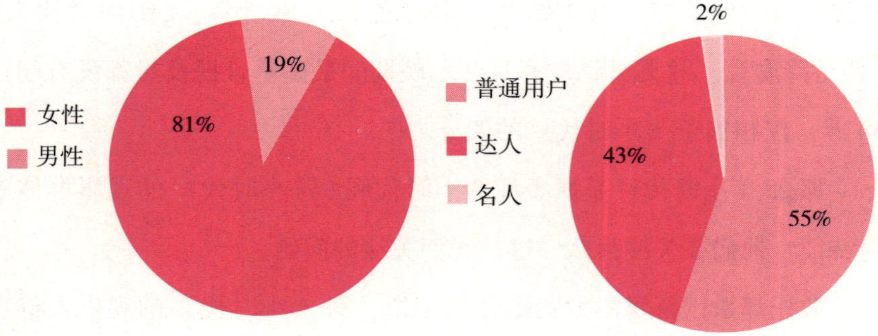

图 3　《小时代》观影人群性别及认证类型分布

从数据显示的年龄构成来看，《小时代》的观影人群平均年龄 20.3 岁，而《致青春》的观众平均年龄为 22.5 岁。相比之下，《小时代》

的观众群体更为年轻。

在《小时代》的 9 万多位微博原发作者中，女性占到了八成以上，接近半数还是微博达人。可以这么说，《小时代》的年轻女观众们，同时也是微博等新媒体上比较活跃的人群，她们积极地参与了《小时代》这部电影的观影、评论、分享、传播甚至争论，创造了数倍于其他电影的有关《小时代》的各种微博。她们既是《小时代》电影的主要观众群体，也对这部电影的传播和营销起到了至关重要的推手作用。

地区舆情参与度指数

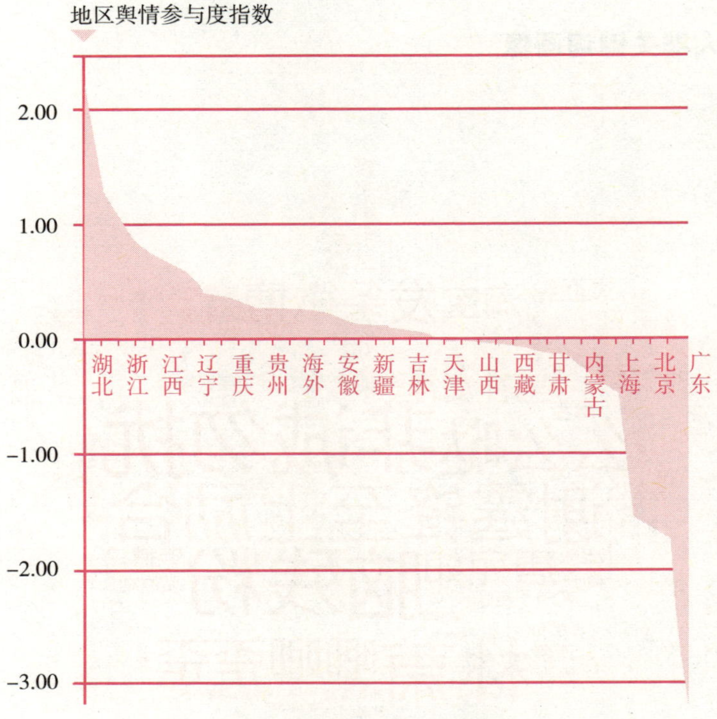

图 4　地区舆情参与度指数分布

从地区分布上，我们也看到一些有趣的现象。湖北、四川、浙江、江苏、江西、湖南、辽宁、广西、重庆、河南、贵州等地区的观众舆情参与度指数排在前十位，这些地区的观众讨论《小时代》更加活跃。北京、上海、广东的参与度指数则垫底了。

一般而言，北上广的微博舆情都最为活跃，但有关《小时代》的微博舆情体现了完全相反的状况。这从一定程度上反映了《小时代》观影人群的地区分布在向二三线城市和地区倾斜，同时受到这些地区年轻观众的追捧，而北上广地区的观众对《小时代》的讨论热度相对较低。

观影人群关键词画像

“皇冠图”勾勒出了《小时代》观影群体的微博关键词，“脑残粉”、“林萧”、“非诚勿扰”、“杨幂”、“谢霆锋”、“至上励合”……它们共同勾勒出了这个观影人群最关心的话题图景。很多人说，《小时代》是一部脑残粉电影，而通过对其观影人群的关键词分析，我们发现“脑残粉”一词居然也是最醒目的存在。当然，当我们具体去看上下文时，又会看到，提到“脑残粉”的微博原文大多都是说“我不是四爷的脑残粉，但我很喜欢《小时代》”，“不管别人怎么看，我就是《小时代》的脑残粉”这样的文字……“脑残粉”其实成为了他们自嘲式的标签。

看着这张图，我们可以大胆想象一下，如果有这样一部电影：请新晋的郭导操刀，杨幂、谢霆锋主演，至上励合、炎亚纶当彩蛋，五月天唱主题歌，继续讲友谊地久天长的故事，这部电影会不会也大卖呢？

表2 《小时代》观影人群关注的认证用户TOP50

排序	用户昵称	粉丝数（万）	排序	用户昵称	粉丝数（万）
01	何炅	347	02	谢娜	351
03	郭敬明	204	04	文章同学	391
05	小S	274	06	范范范玮琪	376
07	柯震东 Kai	719	08	杨幂	254
09	姚晨	489	10	张小娴	429
11	蔡康永	226	12	angelabyby	297

（续表）

排序	用户昵称	粉丝数（万）	排序	用户昵称	粉丝数（万）
13	留几手	551	14	王力宏	352
15	赵薇	439	16	大 S	270
17	杜海涛 Hito	962	18	作业本	643
19	韩寒	181	20	梦想家林志颖	180
21	黑人建州	103	22	罗志祥	196
23	阿信	157	24	吴昕	811
25	马伊琍	265	26	陈奕迅所长	747
27	郭采洁	193	28	林更新	119
29	陈坤	511	30	蔡依林	221
31	陈赫	427	32	李开复	486
33	彭于晏	734	34	李小璐 Super	156
35	陈乔恩	221	36	张杰	187
37	刘诗诗	618	38	林心如	486
39	舒淇	202	40	陈学冬 cheney	130
41	李维嘉	753	42	唐嫣	153
43	veggieg	139	44	蔡卓妍	139
45	胡歌	366	46	娄艺潇	366
47	白百何	133	48	edc 陈冠希	114
49	戚薇	950	50	佟丽娅	132

《小时代》观影群体最关注的TOP50人中，影视娱乐明星的比例超过了80%。其中郭敬明（第三）、柯震东Kai（第七）、杨幂（第八）这几位《小时代》的招牌人物毫无悬念地出现在了前十位。

特别值得注意的是,《快乐大本营》的主持群在这个排名表中极其引人注目。何炅、谢娜是受大家关注的前两名,《小时代》观影群体中接近半数的人都关注了这两位快乐家族的台柱子。而其他几位快乐家族成员，杜海涛排进了前20，吴昕在前30，李维嘉在前50。快乐家族的五位成员排名全在veggieg（王菲）、黄晓明、李冰冰、吴彦祖等大牌明星之前。

从另一个现象，我们也可以看出《快乐大本营》对这些年轻观众的影响力。2013年年初，快乐家族出演的喜剧电影《快乐到家》上映，其在豆瓣网和时光网上的评分很低，分别只有2.7分和1.8分，却从市场上轻轻松松卷走了1.6亿票房。并且，该片上映期间，其豆瓣评分曾一度被粉丝观众刷到8分以上。可见，若片方想从这群年轻观众腰包里掏钱，在为影片做宣传发行时，上《快乐大本营》转一圈，或许就会事半功倍。

《小时代》观众群关注的企业品牌TOP10

表3 《小时代》观众群关注的企业品牌TOP10

排名	品牌	排名	品牌
01	adidas	02	

（续表）

排名	品牌	排名	品牌
03	CHANEL	04	H&M
05	聚美优品 JUMEI.COM	06	NB LET'S MAKE EXCELLENT HAPPEN.
07	durex	08	Dior
09	IKEA 宜家家居	10	LV LOUIS VUITTON

还有一些数据统计也很有意思，让我们可以管窥这个群体的消费习惯。

这个观影群体中超过 60%的观众在使用 iPhone，这个数据远远高于 iPhone 在中国市场的占有率，表现出这个群体对于 iPhone 的特殊偏好。如今在淘宝上甚至已经衍生出了一门新生意：只要付费就可以得到这样一种服务，不论用什么手机发微博，发布终端都会显示“来自 iPhone 客户端”。

而在他们关注的企业品牌 TOP10 中，香奈儿、迪奥、路易威登等奢侈品牌均榜上有名，体现出这一年轻群体对于高端消费的欲望。

结语：一部电影而已？

郭敬明在 2013 年的上海电影节论坛上是这样解释为什么那些著名

导演反而拍不出卖座电影的："中国电影市场观影群体已从上一代变到下一代。2009年的时候观影的平均年龄是25.7岁，但是到了2013年的时候已经变成21.7岁。如果还用上一代的想法拍电影，那会出现问题的。"他认为自己的作品抓住并表达了这一代年轻观众的共同感受——《小时代》的主体观众，正是一群20岁上下，爱看《快乐大本营》和《非诚勿扰》，喜欢读郭敬明的书，喜欢看杨幂演的影视剧，喜欢用iPhone手机发微博爱表达的女孩子们。

在微博大V们如浪潮般的"批评"声中,《小时代》制片人安晓芬说了这样一句话,"我们只是拍了一部让孩子们喜欢的电影……里面有他们喜欢的演员、喜欢听的音乐、喜欢的画面就够了……一部电影也亡不了国，只是一部电影而已，用不着这样声嘶力竭的"。

在电影圈，作品的所谓"胜—败","高—低","好—坏"，并无公平秤可以称量。而作为中国电影史上又一部现象级电影，有关《小时代》的种种分析与讨论，也必将长久地存在于中国电影的案例分析中。但是,"任何对某部影片的分析，离开了对它和整个当下中国电影趋势的联系，都不会得出正确结论"(珠江影业董事长赵军语)。既然《小时代》已经把新一代中国电影的主流观众人群带到了中国电影人的面前，那么接下来，电影人就该好好想想，该给他们看些什么了。

第 5 章

《私人订制》是全新订制还是炒冷饭

冯小刚又生气了？电影《私人订制》在收获高票房的同时，也收到了来自影评人毫不客气的批评。该片票房突破5亿后，一向嘴快的"小钢炮"连发七条微博痛骂影评人。

多年来，冯小刚导演的贺岁影片很少令人失望过。它们不仅有出色的票房，更能从心灵上打动观众，那些经典台词总能迅速成为流行语。但《私人订制》却遭遇了不少差评。那么，大家对《私人订制》到底是怎样评价的？它真像传说中那么差吗？

《中国广播影视》联合数托邦抓取新浪微博上提及《私人订制》以及对比剧《泰囧》《小时代》共43.1万条原发微博，并从中抽取30.5万名独立观众进行数据分析。从大数据的角度分析《私人订制》的口碑评价，并通过对于观众的群像勾勒，看看未来冯小刚电影到底能走多远？

口碑分析

《小时代》《私人订制》是2013年引起颇多争议的电影，而《泰囧》是2012年底票房成绩最好的贺岁喜剧电影，同样是三部高票房高关注度的"现象级"影片，观众、影评人、财经人士的评价有怎样的区别？

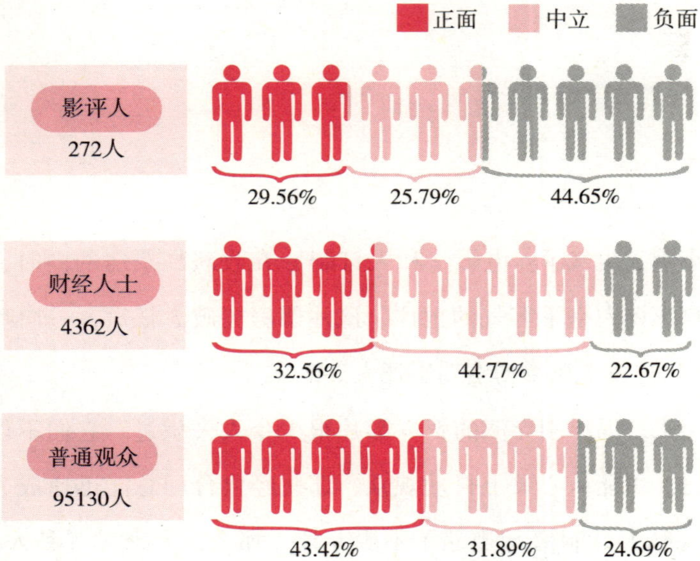

图 1 《私人订制》微博口碑分析

通过与各电影同时提及的正负面词汇进行语义统计,《私人订制》在观众中的整体口碑为 6.23 分，的确不如《泰囧》，但比《小时代》高。《私人订制》的观众评分还可以参考：豆瓣网 60695 人评价，评分 5.5 分；时光网 14301 人评价，评分 5.8 分。

“影评人”即通过新浪微博搜索出 1258 个在认证说明、个人标签或介绍中自称“影评人”的名单，用社交网络分析方法挖掘出圈中最有影响力的 273 人。在影评人的评价体系中,《私人订制》仅得 4.05 分，是“不及格”水平。《小时代》的综合评分甚至略高于《私人订制》。但影评人对《小时代》的评价两极分化，持好评态度的影评人大多认为应该抱着“宽容的态度”看待郭敬明的处女作；而对于冯小刚，

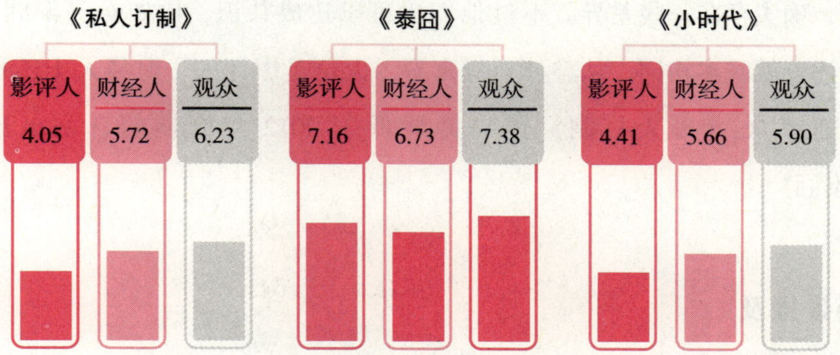

图2　三方人群口碑综合评分

影评人的标准似乎更加“高标准、严要求”。看来，影评人的确对冯小刚交出的答卷不满意。

电影上映前，华谊兄弟举办了面向机构投资者的提前看片会。会后多名投资人士抱怨影片令人失望，令华谊股价第二天重挫跌停。那么，财经人士对《私人订制》的评价究竟如何？我们选取了新浪微博4362位加V认证的财经行业从业者，发现财经人士对《私人订制》综合评分为5.72，他们比观众严苛，但比影评人要宽容一些。

那么，冯小刚自己又是如何评价这部电影的呢？他在微博中写道：《私人订制》就电影的完整性来说，我给它打5分；就娱乐性来说，我给它打6分；就对现实的批判性来说，我给它打9分。反过来说，就绝大多数冒充懂电影的影评人来说，我给你们只能打3分。从《一九四二》到《私人订制》，你们的嘲笑和狂欢恰恰反映了你们的浅薄，我看不起你们。

《私人订制》并没有“传说中”那么差，有七成观众给出了正面和中立的评价。而影评人和观众的评价，尤其是在争议性较大的电影上，确实存在一些差异。不过他们也可以达成共识，比如对《泰囧》的评分就基本相同。从整体口碑来看，无论是影评人、财经人士还是普通观众，《私人订制》的口碑均低于 2012 年同期的喜剧电影《泰囧》。

场景提及

那么，人们在谈论《私人订制》的时候，究竟在谈论什么？

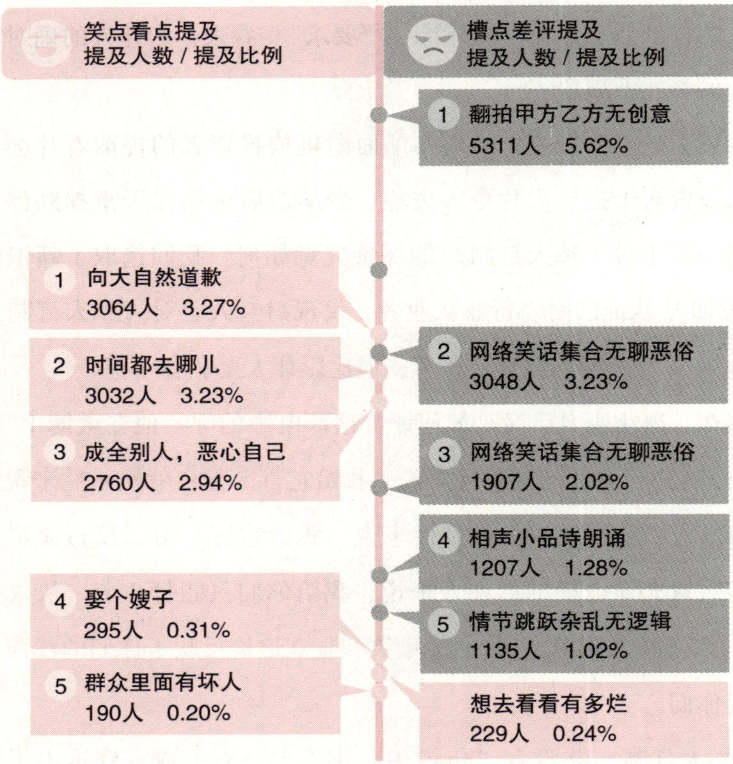

图 3 微博用户场景提及排行

观众的吐槽点集中在：和《甲方乙方》雷同“炒冷饭”，网络笑话不好笑，广告植入生硬，情节跳跃杂乱无逻辑，等等。此外，由于冯小刚担任2014年春晚总导演，不少观众觉得《私人订制》电影中的四个故事像是一场相声小品加上诗朗诵的杂烩，仿佛看到了“春晚”在银幕上预演。

在观众的好评中，“向自然道歉”这一段获得了大家的认同，而插曲《时间都去哪儿了》也是泪点之一。片中被反复强调的“成全别人，恶心自己”，似乎是冯小刚借由这部电影发出的自嘲。王朔曾经表示，《一九四二》如果票房失利，“我帮你写个喜剧，咱们把它赚回来”。某种程度上说，《私人订制》是冯小刚的还债之作。不过，“成全别人”到底是指成全华谊，成全票房还是成全观众，我们就不得而知了。

值得注意的是，我们发现观众中提及“想去看看到底有多烂”的人数达到了0.24%，这和好评中的“群众里面有坏人0.20%”人数非常接近。这些“居心叵测”的观众，在某种程度上也推高了票房，看来的确像冯小刚在电影里感慨的那样，“群众里面有坏人”啊！

观众群像

到底是怎样的一群人看了《私人订制》？我们不妨来做个群像勾勒。

《私人订制》的观众男女比例为34∶65。对比《泰囧》《小时代》的数据可以看出，有更多的男性观众关注《私人订制》。而由于数据采样来源于新浪微博，微博中女性整体占比较高并且更喜欢转发分享，所以观众采样中的女性比例普遍高于男性。

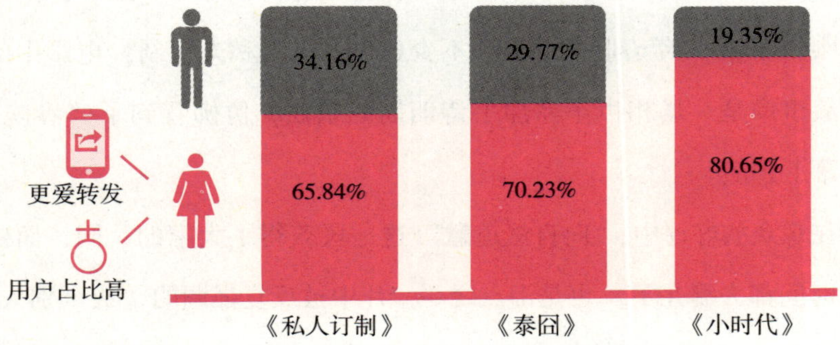

图 4　微博提及用户性别比

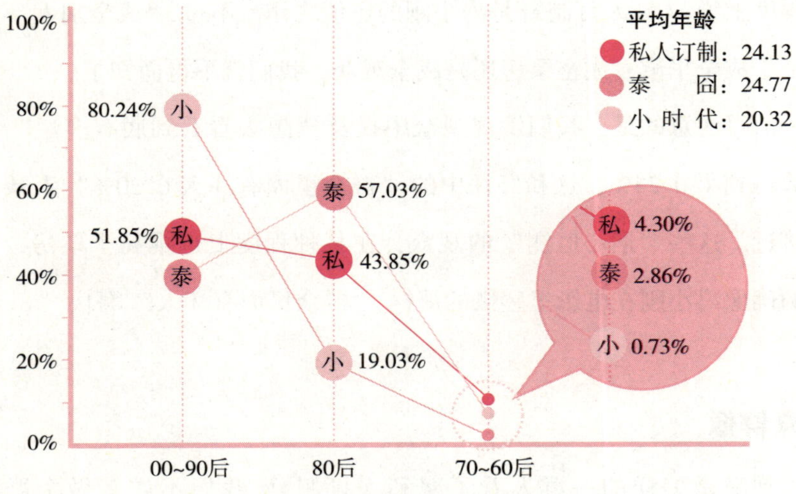

图 5　微博提及用户年龄分布占比

《私人订制》和《泰囧》的观众平均年龄都是 24 岁，基本和新浪微博活跃用户年龄重合。但《私人订制》的 90 后和 70 后观众更多，年龄跨度大。《泰囧》则更为集中于 80 后观众观看，这是电影的主力观众群体。《小时代》则与前两部片子有明显不同，90后女性观众占绝对主力，有人用“小镇女青年”来形容她们。

表1 观众偏好度地域排行及分布

私人订制	泰囧	小时代
1 北京	1 重庆	1 湖北
2 辽宁	2 江苏	2 四川
3 天津	3 浙江	3 浙江
4 山东	4 辽宁	4 江苏
5 陕西	5 北京	5 江西
6 吉林	6 湖北	6 湖南
7 河南	7 四川	7 辽宁
8 黑龙江	8 天津	8 广西
9 河北	9 上海	9 重庆
10 山西	10 陕西	10 河南

颇为有趣的是，在观众地域偏好分布上，《私人订制》集中在北方地区，最远仅“攻占”到河南，《小时代》扎堆在南方及中西部城市，《泰囧》则是覆盖全国。当然，通过微博分析出的观众地域偏好分布并不等同于各城市的票房产出，可以理解为某个地区的人更有意愿去看这部电影。

从观众偏好度来看，《私人订制》并不算为全国观众“订制”的电影，王朔的京式调侃、冯小刚及葛优的“冯氏贺岁金句”，更多是语言上的幽默讽刺，北方观众喜闻乐见，南方观众则不太买账。而同为喜剧电影的《泰囧》，以情节取胜，穿插80后熟悉的笑料及表达方式，更容易被全国观众认同。

明星关注排行榜

这群平均年龄 24 岁的年轻观众到底喜欢什么，这大概是冯小刚没琢磨明白的。

表 2　观众微博关注偏好度排行榜

	私人订制	泰囧	小时代
1	爸 模特张亮	演 徐峥	演 郭采洁
2	爸 郭涛	爸 模特张亮	陈学冬 cheney
3	爸 王诗龄 Angela	小 S	爸 模特张亮
4	爸 张悦轩	蔡康永	张悦轩
5	张嘉佳	何炅	演 郭碧婷
6	何炅	郭涛	演 谢依霖 HOLD 住姐
7	宁财神	爸 王诗龄 Angela	爸 王诗龄 Angela
8	郭采洁	文章同学	张嘉佳
9	文章同学	张嘉佳	演 郭敬明
10	陈赫	呛口小辣椒	爸 郭涛
11	范冰冰	陈赫	陈赫
12	爸 田亮	陈意涵	金宇彬
13	徐峥	谢娜	何炅
14	演 冯小刚	黑人建州	伟大的安妮
15	爸 梦想家林志颖	曲家瑞	2PMNichkhun

通过明星关注排行榜，可以看出《私人订制》的观众和湖南卫视真人秀节目《爸爸去哪儿》的观众高度重合，并且和《泰囧》的观众口味也很相似。除了《爸爸去哪儿》，主持人何炅、作家张嘉佳、演员文章均在前十位出现，这反映了都市白领阶层的审美趣味。

在《泰囧》观众的明星关注排行榜中，徐峥排第一名，说明这部电影充分调动了徐峥的粉丝，而且很多人是看了这部电影才开始关注并认可徐峥的。而《私人订制》观众关注的明星中，冯小刚排名第十四名，演员白百何、李小璐、郑恺都没有上榜，这说明演员对目标观众没有很强的吸引力。反观《小时代》的观众关注明星排行榜，演员郭采洁、陈学冬、郭碧婷、谢依霖以及导演郭敬明均排名靠前，他们的确是演员和导演的粉丝。所以《小时代》定位相当精确，就是为这群粉丝“订制”的电影。而《私人订制》的人群定位是模糊的——有看《爸爸去哪儿》的，有喜欢在年底看贺岁片的白领阶层。

谁是“冯女郎”？

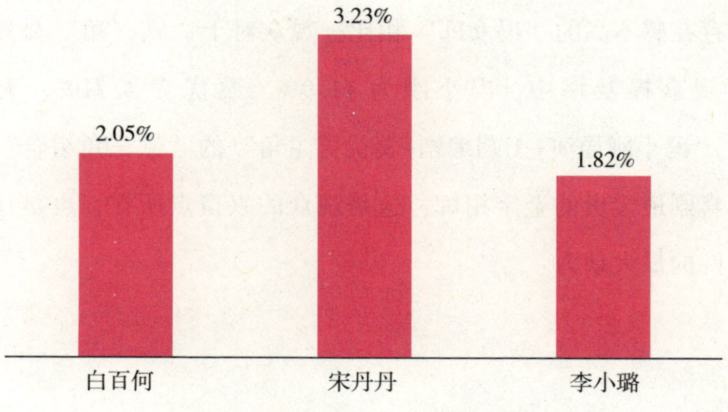

图6 《私人订制》女明星微博提及排行榜

谁是冯女郎？从影片海报来看，李小璐和白百何应该是此片重要的两个女主角，但观众对她们二人的提及率分别为1.82%和2.05%，看来观众对于“谁是冯女郎”不太在乎。而出演夸张的“有钱人”配角的宋丹丹反而比较出彩，提及率达3.23%，“祝丹姐生日快乐”配合插曲《时间都去哪儿了》也是观众集中的好评点，可见大家对这段情节印象深刻。

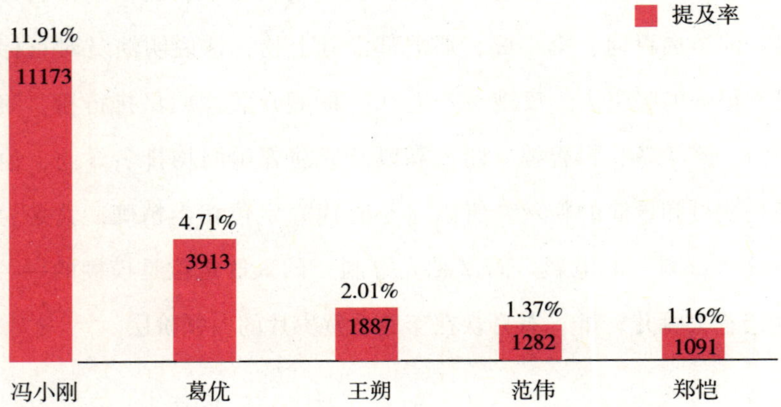

图7 《私人订制》男明星微博提及排行榜

和存在感不高的“冯女郎”相比，观众对于“铁三角”显然更为关注，观众提及率中，冯小刚为11.9%、葛优为4.71%、王朔为2.01%。“冯小刚导演+王朔编剧+葛优男主角”的“铁三角组合”依然是冯氏喜剧最宝贵的金字招牌，这是观众的兴奋点所在，也是让观众进电影院的最大动力。

票房数据

冯小刚领取华表奖优秀导演奖时感慨，“我不认真拍的电影，一个星期卖了 4 亿元；我认真拍一部电影，结果不赚钱”。看来，冯小刚对《一九四二》的票房失利依然耿耿于怀。《私人订制》上映首日在全国 20 个主要城市的排片量高达 50%，上映首周票房破 4 亿元，开局成绩不错。但上映四天后，票房迅速滑落到日均 3000 万元左右，并且持续走低，后劲明显不足。

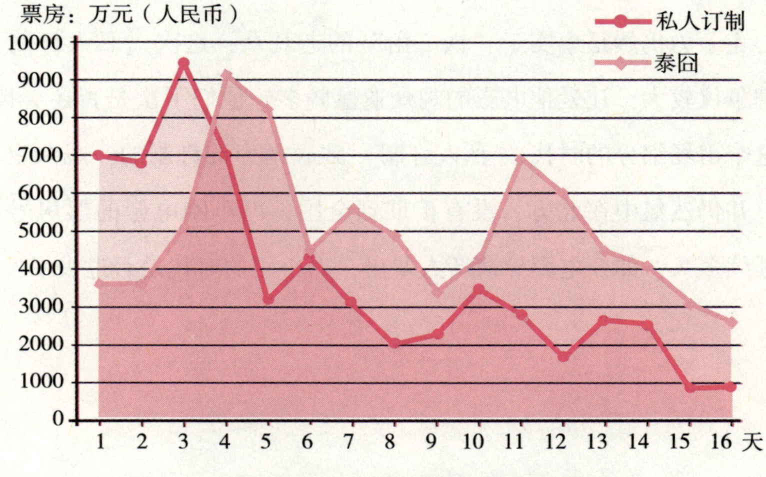

图 8 《私人订制》与《泰囧》日均票房走势图

2013 年前三季度的全国票房为 164 亿元，几乎赶上了 2012 年全年的 170 亿元。但 2013 年 12 月份的前半个月相比 2012 年同期却是负增长，这是十年来的第一次。可以说，冯小刚这次赶上了一个市场极度需要释放能量的好时候，但《私人订制》却未能挽救 2013 年贺岁档的疲软态势。而 2012 年《泰囧》的档期优势并不明显，上映前后强手如林，首日票房 3500 万元，但持续高走越战越勇，领跑当年的贺岁档。

2010 年，冯小刚的电影《唐山大地震》以 6.48 亿元的成绩获得当年票房冠军，但 2010 年全国总票房刚过百亿元。2013 年全国电影票房 217 亿元，《私人订制》最终票房刚过 7 亿元。可以看到，两年内电影市场的盘子已经翻番，但冯小刚的票房成绩却没有相应的增长。逆水行舟，不进则退，在票房号召力上，可以说冯小刚是在走下坡路。

冯小刚连发七条微博炮轰影评人，但未能改变影片票房后劲不足的趋势。影评人的评价确实偏低，但观众的眼睛是雪亮的。冯小刚的核心竞争力仍然是忠实于“铁三角”的老观众，这次《私人订制》的口碑争议较大，让爱他电影的观众遗憾颇多，他们下次是否还会捧场？在这个市场细分的时代，《私人订制》到底是为谁订制的？观众定位模糊，并仍然集中在北方，没有扩展到全国，冯小刚电影的票房号召力能延续多久？如今电影导演新人辈出，冯小刚的时代是否过去了？

第 6 章
谁才是中国主持界的一哥一姐

不算很久之前，“进央视”对于一个地方主持人来说，其意义相当于高考考进了清华北大，不过如今央视之外的空间也大有可为，尤其对于非新闻类的主持人来说——甚至，更有可为。网络是他们的新战场，除了人气、影响力之外，这里还有丰富的商业利益，甚至，有时候还会成为一种政治资本。

白岩松，微博里的央视一哥

虽然白岩松从来没有主持过春晚，也没有微博账号，但是在网络上尤其是微博上，他的影响力可比朱军强得多。与章子怡传出绯闻的

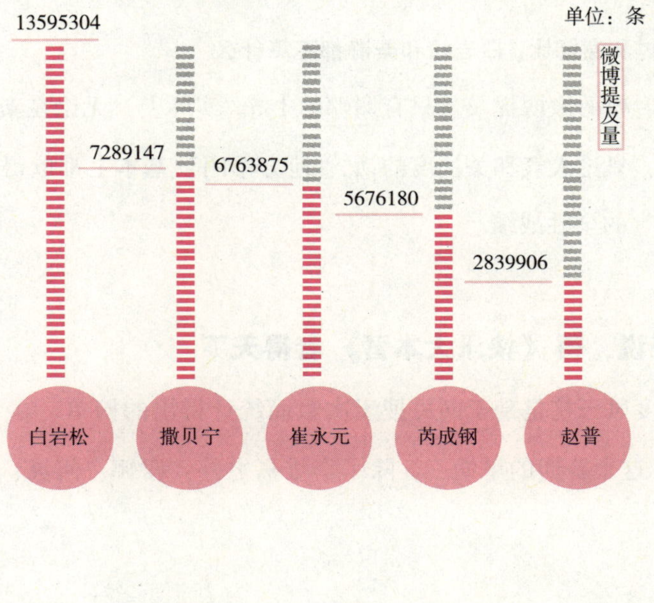

撒贝宁，则位居第二。

柴静，微博里的央视一姐

在 2012 年的春晚上，董卿和周涛有“央视一姐”之争，但是在微博里，做时政新闻的两位姑娘柴静、张泉灵都拥有比她们更高的提及量。另外还有一个奇异的现象：王小丫的微博提及量少得远超人们想象。

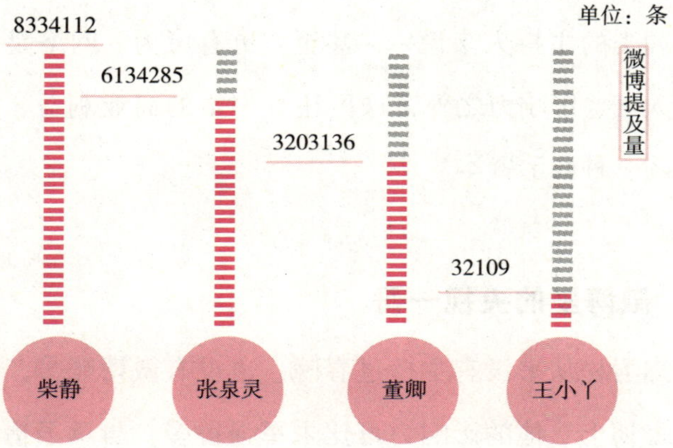

不过和谢娜比，白岩松和柴静都不算什么

白岩松的微博提及量只有谢娜的 1/5。实际上，无论在新浪微博还是百度，只论人气和关注度的话，“地方军团”基本上都取得了对“中央军团”的全胜战绩。

总体来说，得《快乐大本营》者得天下

百度风云榜是基于网民搜索次数而统计得出的榜单。在 2013 年 9 月 11 日这个普通的星期三，除了李维嘉之外，谢娜、何炅、吴昕、杜

海涛四人都排在这个榜单的前十位。而同样是湖南卫视的另外一档王牌节目《天天向上》，只有欧弟一人排进了前十名，汪涵本人甚至只排到了第 22 位。撒贝宁排到了第 7 名，那是因为当时传出他和章子怡分手的传闻。

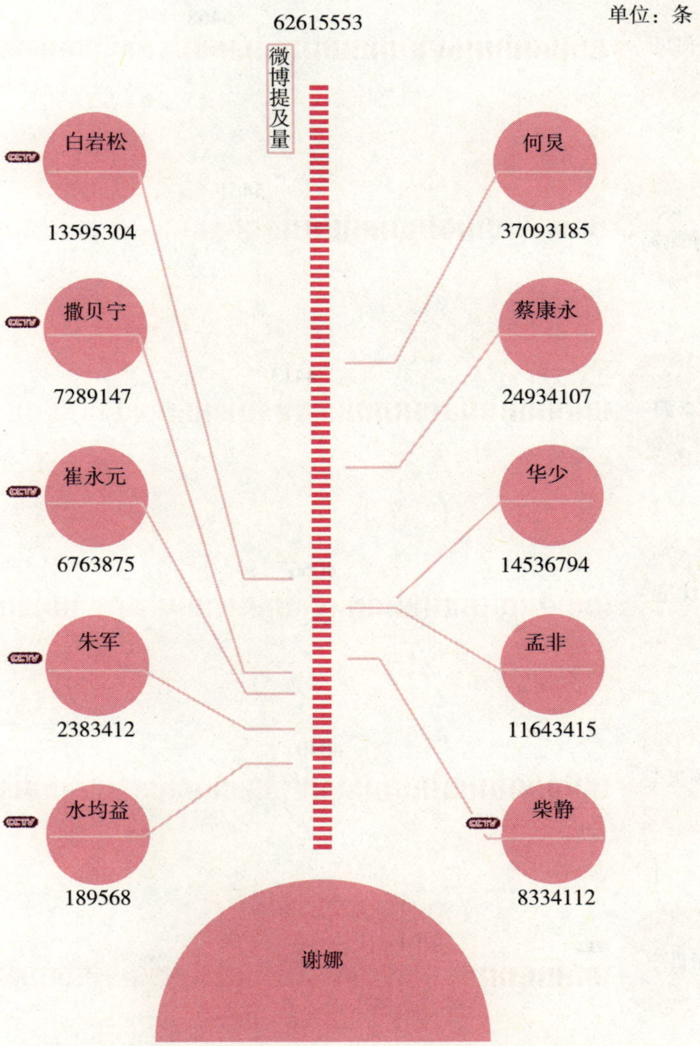

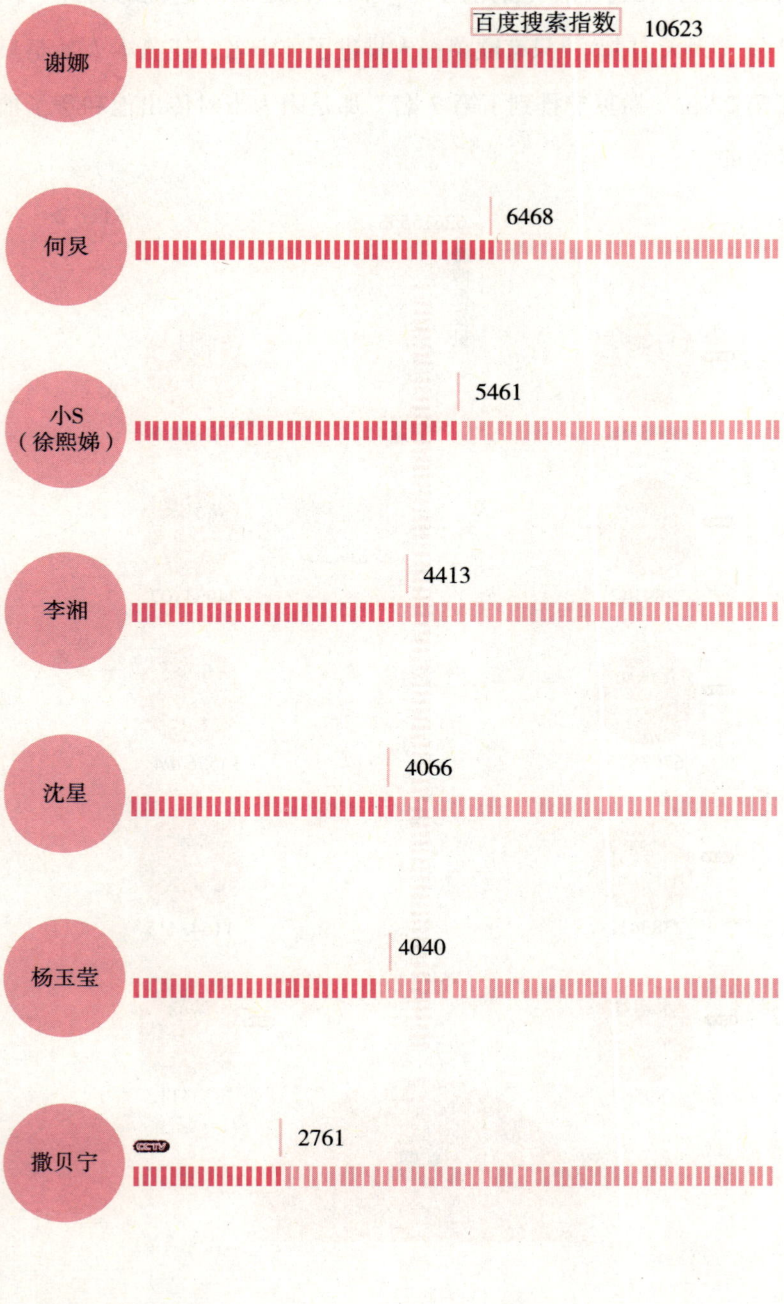
百度搜索指数
谢娜
10623
何炅
6468
小S
（徐熙娣）
5461
李湘
4413
沈星
4066
杨玉莹
4040
撒贝宁
2761

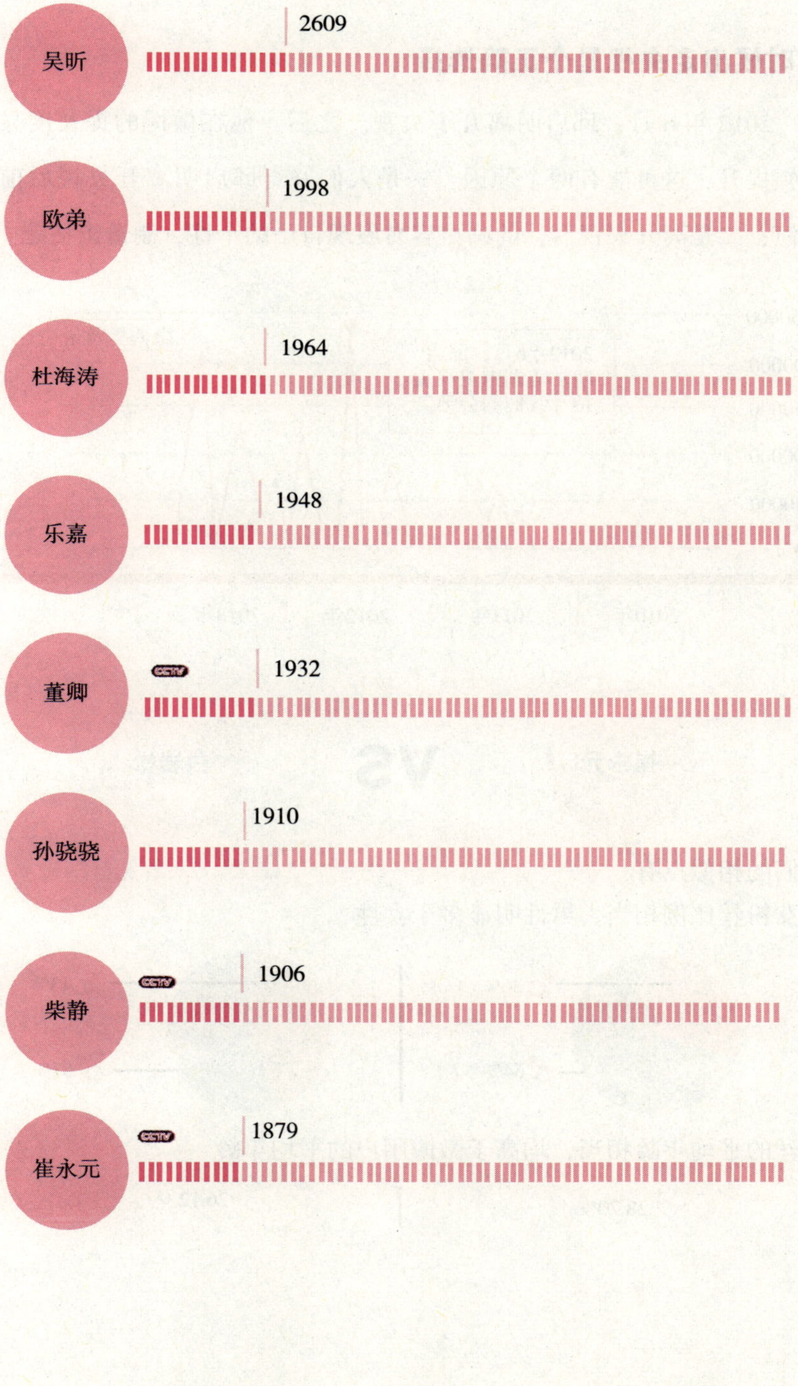
吴昕
2609
欧弟
1998
杜海涛
1964
乐嘉
1948
董卿
1932
孙骁骁
1910
柴静
1906
崔永元
1879

有时候出走央视是个正确选择

2012 年 6 月，邱启明离开了央视。之后，他在微博的提及度显然大幅提升，这可能有两个原因：一是人们好奇邱启明离开央视后前途如何；二是离开央视后，的确更容易展现自己的个性，制造出话题。

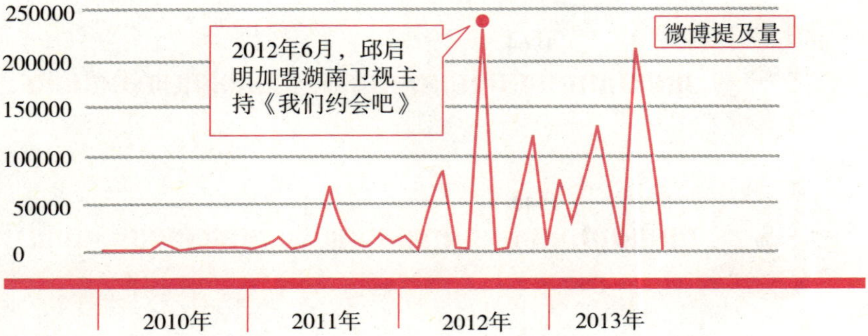

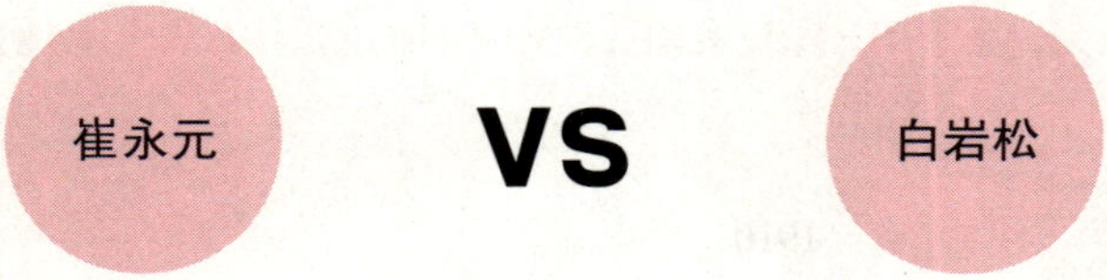

他们的相似点有：

男女粉丝比例相当，男性明显多于女性

粉丝的平均年龄相当，均高于微博用户的平均年龄

28.70岁 | 26.12岁

提及他们的微博用户里大V、达人、普通用户的比例相当

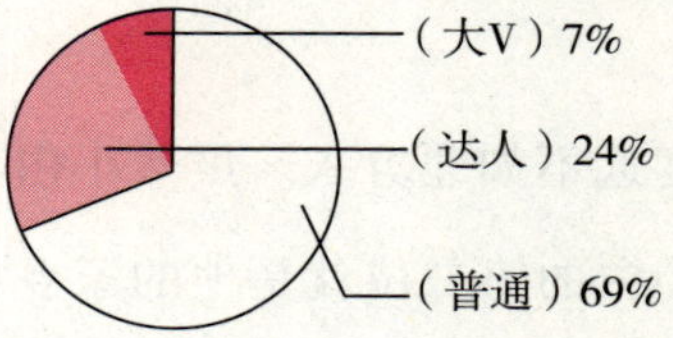

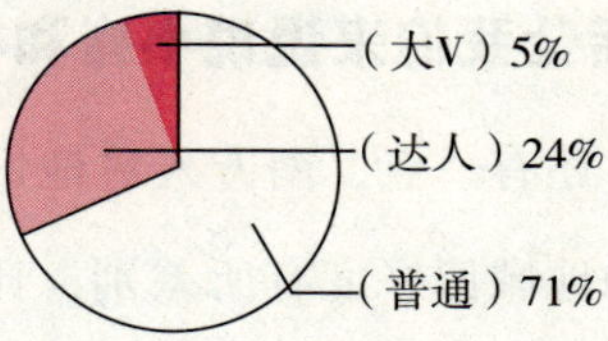

不同的是：

白岩松居然拥有这么多的90后粉丝

32.56%

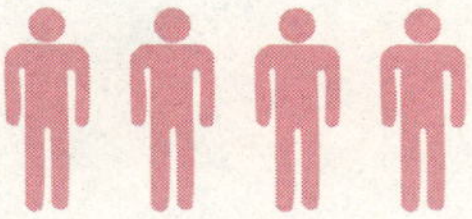

45.92%

偏好度排序

	小崔		小白
1	北京	1	北京
2	西藏	2	内蒙古
3	甘肃	3	吉林
4	河北	4	甘肃
5	山东	5	宁夏
6	内蒙古	6	山东
7	天津	7	山西
8	辽宁	8	河北
9	宁夏	9	陕西
10	河南	10	河南

最后让我们来说说小崔和小白

还有一点，南方人对他们的关注度远不如北方人。虽然小白和小崔的地域偏好度有所差别，比如关注小白的第二位就是他的家乡内蒙古，但这两位新闻类节目主持人的影响力都没能跨过长江去。

第7章

陈坤与黄晓明，商业价值谁多谁少

最近几年，社交媒体（以及自媒体）的出现和兴盛可以说深刻地影响了影视行业的发展。它让影视作品生产的每一个环节都变得与观众（消费者）直接相关，许多在行业中掌握重要资源的决策者也正在尝试通过分析社交媒体上的信息，来评估他们手中的项目是否具备真正的市场价值。走得更远的，则已经在利用这些信息制作产品或打造品牌，并换回了真金白银。

而对于影视行业最稀缺也最抢手的资源——明星而言，社交媒体也给他们带来了不少好处。它让明星的工作和生活、心情与感情都变得“透明”起来，它让明星们前所未有地贴近他们的“粉”与“黑”，也让投资人、制片人、广告商等群体有了更便利、更充分、更立体的渠道了解并“勾搭”他们。

以微博为例，明星们的微博实在是与他们的事业有着千丝万缕的联系。尽管有各种迹象表明新浪微博的活跃度自微信崛起后正在下降，但不可否认，它至今仍然是中国影视明星们自我表现最活跃的公开平台。大多数影视明星都乐于使用微博这样的社交媒体来展现自我、宣传作品、与粉丝互动聚拢人气，以期提升自己的商业价值。最近，陈坤微信公共账号试水会员收费制，就是将粉丝关注变现的一次尝试。

本期便聚焦于影视明星在社交媒体新浪微博上的“个人品牌打造”。我们从内地影视圈挑选了两位当红男明星——陈坤、黄晓明，通过大数据的分析手段，挖掘了与他们相关的1.2亿条微博信息，迅速把握了他们在微博上呈现的关键词、他们的社交关系圈、人脉影响力以及其影视作品、商业代言等重点内容。

接下来，我们就来看看公开的微博信息都告诉了我们关于陈坤、黄晓明的什么和什么……

方法介绍

对陈坤和黄晓明两人的所有微博及其活跃粉丝进行了数据提取，并通过数托邦自有技术剔除掉了疑似水军和僵尸的账号，共计采样了15万个微博活跃用户（其中包括陈坤和黄晓明各5万活跃粉丝，以及5万随机抽取的新浪微博活跃用户），共分析处理了约1.2亿条微博信息。

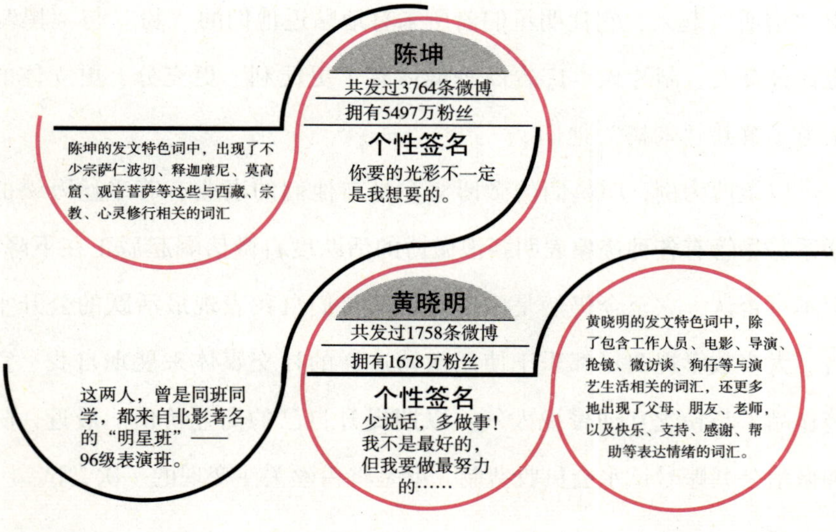

陈坤 VS 黄晓明选秀

2013 年音乐选秀节目火爆电视荧屏，原本应属于新秀战场的选秀节目，也成为了评委导师们秀魅力、造话题、赚人气的上佳平台。黄晓明、陈坤二人先后分别在热门节目《中国梦之声》和《快乐男声》中亮相，在节目播出过程中也一直争议话题不断，不仅有效地推高了选秀节目的人气与关注度，也重新锻造了各自的公众形象。

黄晓明在《中国梦之声》中大秀明星风范，发表“二二更健康”的宣言，成功地将曾经的负面标签转化为正能量。陈坤则在《快乐男声》中，不断宣讲“行走的力量”以及他的人生信条“听自己的声音，看自己的内心”，试图在甩掉偶像包袱的路上走得更远。

这两人，曾是同班同学，都来自北影著名的“明星班”——96 级表演班。他们在影视剧作领域各有天地，在综艺节目上各领风骚，在社交媒体上的表现也是各有不同。

陈坤 VS 黄晓明微博

“戴围脖，开微博…”2009 年 11 月 16 日，陈坤开通了自己的微博账号。

“大家好，我是黄晓明，我开微博了，请多多支持!”2010 年 4 月 15 日，黄晓明发表了自己的第一条微博。

截至本刊发稿日，陈坤的微博账号共发过 3674 条微博，拥有 5497 万粉丝；黄晓明则已发过 1758 条微博，粉丝 1678 万。而通过对两人微博的分析，不难发现两人有着不一样的 Style。

除去演员、歌手、摄影、艺术等这些相同的标签，陈坤的标签还有编剧、出版、佛教、阅读、自由，黄晓明则集中为段子、冷笑话、幽默、八卦、90 后和宅。

从两人发的微博内容特色词语中，我们也可以看到两人兴趣和关注点的一些不同。在陈坤的发文特色词中，出现了不少如宗萨仁波切、释迦摩尼、莫高窟、观音菩萨等这些与西藏、宗教、心灵修行相关的词汇，这些词同时也是他正开展的“行走的力量”公益项目的关键词。另外，“一日不见如穿三条秋裤”、“想致富、穿秋裤”等也是陈坤拉近与粉丝关系的趣味口头语。

黄晓明的发文特色词中，除了包含工作人员、电影、导演、抢镜、微访谈、狗仔等与演艺生活相关的词汇，还更多地出现了父母、朋友、老师，以及快乐、支持、感谢、帮助等表达情绪的词汇。

从微博发文内容中可以看到，陈坤常常都在“行走”的途中，藏区的蓝天白云、山峦高地经常出现在他的微博里。他的个性签名是：

你要的光彩不一定是我想要的。其微博文字亦常常结合人生自省，并透露出“哲学家”一般的思考。

黄晓明的个性签名是：少说话，多做事！我不是最好的，但我要做最努力的……这与他近年来打造的公众形象颇为吻合，其微博文字亦常供给一些正能量爆棚的心灵鸡汤，展现生活中的小善良。

微博人脉圈

与他们互粉的人重合度很高。按照粉丝数由高到低排序，两人的互粉 TOP20 人中，有 13 人相同，重合度高达 65%。但两人并没有互相关注。

从两人的微博互动行为来看，陈坤与出版界、公益界的互动很频繁，如李连杰的壹基金、邓飞、王克勤等；而黄晓明频繁互动的对象多集中于影视明星、导演、编剧等。

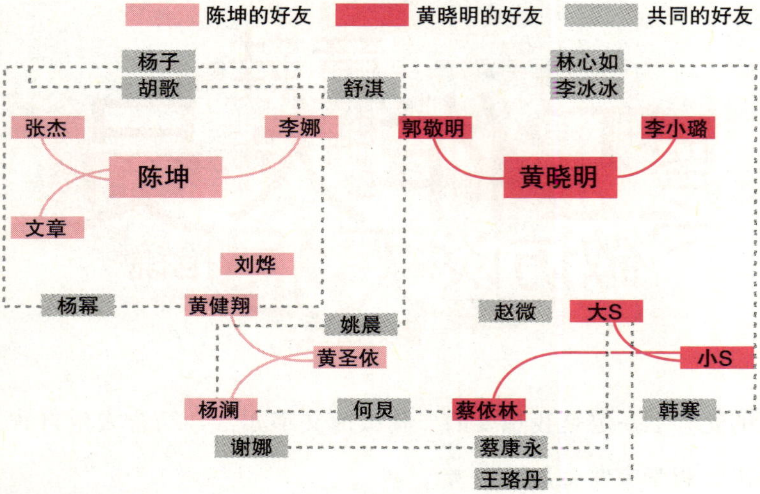

陈坤互动密友圈		黄晓明互动密友圈	
用户名	认证信息	用户名	认证信息
行走的力量 PowertoGo	陈坤创立的东申童画发起的公益系列活动	一哥黄斌	《我的唐朝兄弟》制片人，《赵氏孤儿》执行制片人
行者孙冕	《新周刊》创办人	我是燕姐	电影发行人、媒体筹划人
王克勤	调查记者；大爱清尘公益基金发起人	寻找窑工袁学宇	微博事件：袁学宇，15 岁时被劫往山西。袁父两年来一直坚持寻找，其间解救出大量青少年奴工，但自己的儿子却始终未能找回。
李连杰	影星	钭江明	资深媒体人，华语电影/音乐传媒大奖发起人
根曲邦仁波切	喇荣雅青卡禅修院，根曲邦仁波切	赵薇	著名演员，代表作《画皮》《还珠格格》等
李娜	著名网球职业运动员，2011 年法网女单冠军	姚晨	演员，代表作电视剧《武林外传》《潜伏》电影《爱出色》等
大爱清尘	中华社会救助基金会大爱清尘基金	佟大为	著名演员
联合国儿童基金会	联合国儿童基金会官方微博	杨树鹏	电影导演，作品《匹夫》《我的唐朝兄弟》
南派三叔	《倩女幽魂 2》剧情创意总监，《盗墓笔记》《沙海》等书作者	宁财神	编剧宁财神，代表作《武林外传》
邓飞	免费午餐发起人、凤凰周刊记者部主任	李冰冰	演员，曾获第 29 届百花奖最佳女主角奖，金马奖最佳女演员奖

图 1　陈坤黄晓明微博互动好友圈

在微博上，他们影响着谁？

陈坤和黄晓明两人的活跃粉丝群中，性别和年龄的分布极为接近。

女性粉丝约占到四分之三，普通用户占到八成，这样的比例明显高于微博上用户性别分布和用户类型分布的统计平均值，说明女性普通用户对二人都有较强的关注倾向。

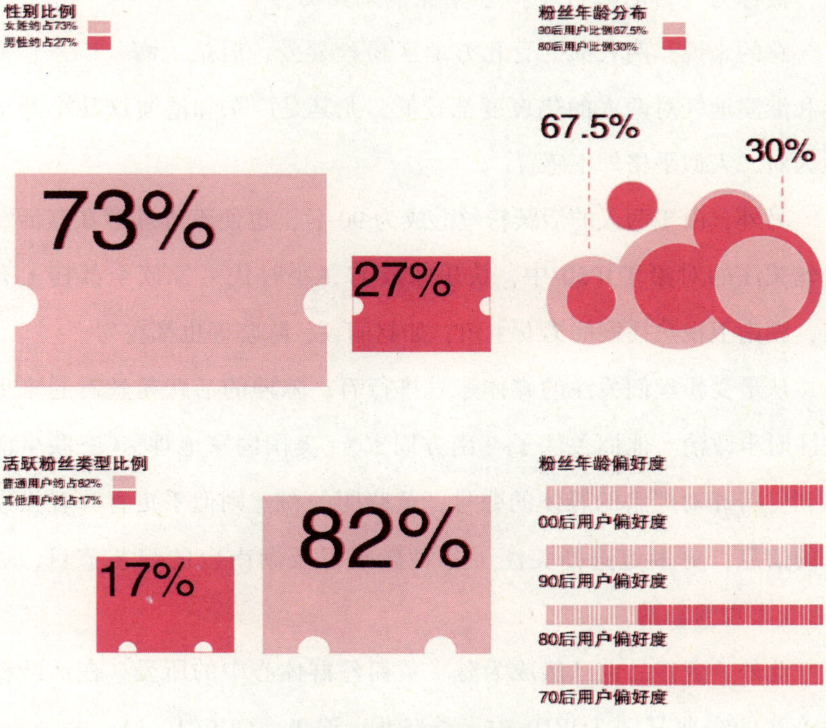

图2　活跃粉丝群基本属性

在粉丝年龄分布上，90 后数量最多，约占七成，且粉丝偏好度远高于微博用户年龄分布的统计平均值，80 后则远低于平均值，

70后更低。而陈坤的粉丝整体平均年龄比黄晓明的粉丝平均年龄略高。

在地区分布上，两人的活跃粉丝则呈现出了明显差异。陈坤的粉丝在西藏和西北省份偏好度最高。大胆猜想，如果有西部题材+佛教元素的影视剧，请陈坤参与应该会获得不错的关注度。黄晓明则在东北和中部省份更有影响力，同时可以看到黄教主在台湾也很受粉丝拥戴，被称为“台湾师奶杀手”，看来名副其实。

总的来说，两人都更受北方地区粉丝喜爱，但是上海、广东、福建和港澳地区对两人的热衷度都较低，尤其是广东和港澳这几个粤语地区对二人似乎格外不感冒。

另外，由于两人的活跃粉丝七成为90后，也便不难理解在其活跃粉丝关注的对象TOP50中，快乐家族与《小时代》家族全部榜上有名，湖南卫视热播剧的男女主角，如赵丽颖、陈晓等也都在列。

从最受粉丝们关注的媒体账号排行看，陈坤的活跃粉丝看起来更关注时事政治。他们关注了《南方周末》《美国国家地理》《三联生活周刊》等相对严肃的媒体的账号，黄晓明的粉丝则似乎更青睐轻松娱乐的信息，更多地选择关注了各种微吧以及湖南台的综艺节目，如《百变大咖秀》等。

此外，奢侈品也已然成为陈、黄粉丝群体心中的所爱。在活跃粉丝关注的企业品牌TOP10中，香奈儿、迪奥、GUCCI、LV、Burberry等国际大牌均赫然在列。

在微博上，他们的影响力如何？

截至数据统计结束时，陈坤的粉丝接近 5500 万，相比之下黄晓明的 1600 多万粉丝数目则显得逊色很多，只有陈坤的三成。但粉丝数只是微博影响力的一种体现，在各种营销账号、水军、僵尸账号存在的情况下，我们应从多个维度加以考量，才能更客观地评价某个微博名人账号的实际影响力。

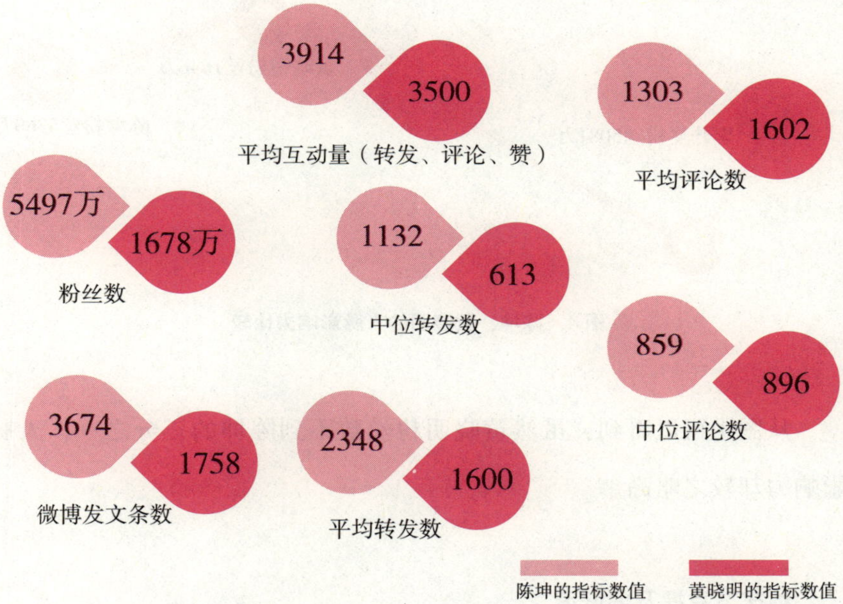

图 3 陈坤和黄晓明的粉丝微博指标

从这一系列的数据对比我们可以看到，虽然陈坤的粉丝数是黄晓明的三倍多，但这些反映互动量和传播力的指标并不与粉丝数成比例。

在粉丝对其微博内容的参与热度和形成传播的能力上，二者并无显著差异。接下来做具体分析。

人脉影响力

在社交媒体上，每个人都不是孤立的存在，因此考虑其微博影响力，必须要同时考虑与其关系紧密的社交圈。此处我们观察一个指标——人脉影响力，即某人互粉好友的影响力之和。

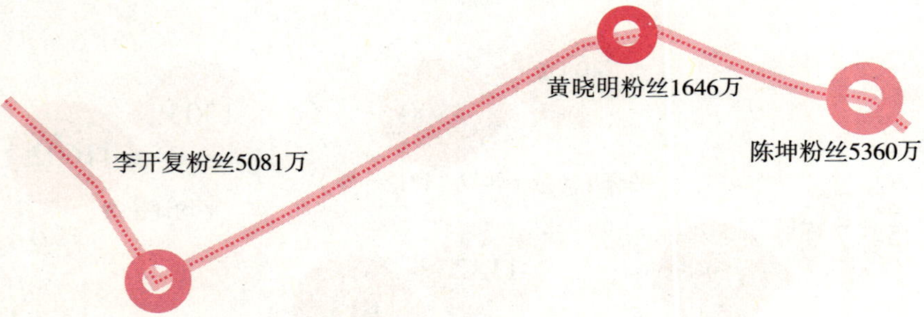

图 4　陈坤、黄晓明的人脉影响力比较

从图中可以看到，虽然黄晓明粉丝数不到陈坤的三分之一，人脉影响力却较之略高。

综艺节目提及偏好度

为评估明星对其参与的综艺节目的宣传带动作用，我们把微博上随机抽取的 5 万用户对《快乐男声》《中国梦之声》两档节目的提及度作为一个基准值参考，再来看看陈坤、黄晓明二人的粉丝对这两档节目的提及偏好度对比。

可以看到，陈坤和黄晓明的粉丝都比随机的普通用户更喜欢看这两档娱乐节目。两位男星导师的加盟，对于吸引其粉丝关注这两档节目都有着显著的带动效果。尤其是黄晓明对《中国梦之声》的带动作用更为明显，黄教主对其粉丝的强大号召力可见一斑。

同时，黄晓明的粉丝同样对陈坤参与的《快乐男声》表现出了较高的热情。相比之下，陈坤的粉丝对黄晓明参与的《中国梦之声》热情一般，仅略高于平均用户的关注水平。

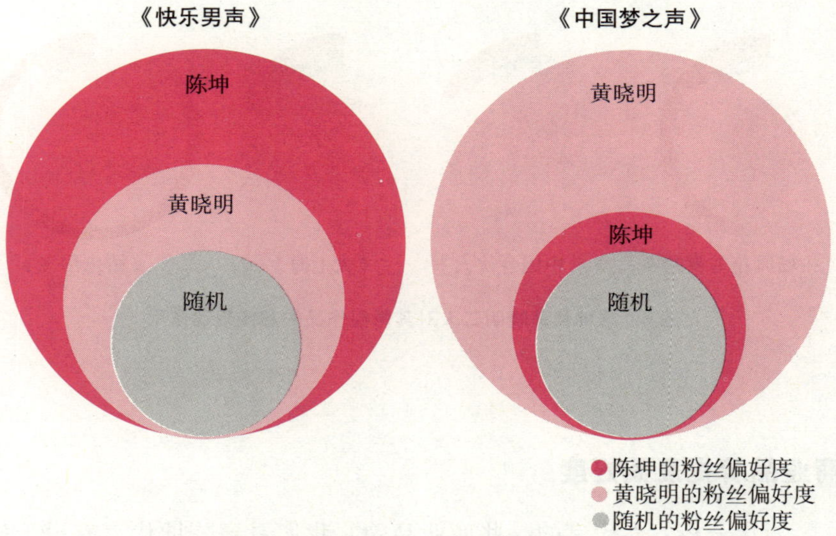

图5 陈坤和黄晓明的粉丝对两档节目的提及偏好数对比

影视作品提及偏好度

二人的影视作品提及偏好度也从一个角度反映了二人对其影视作品的宣传带动作用。如图所示，陈坤对其参演作品《龙门飞甲》《钱学森》和《过界》，黄晓明对其参演作品《精忠岳飞》《一场风花雪夜的事》，都产生了很好的粉丝带动作用。相比之下，《画皮》《中国合伙人》的粉丝带动效果比较一般。

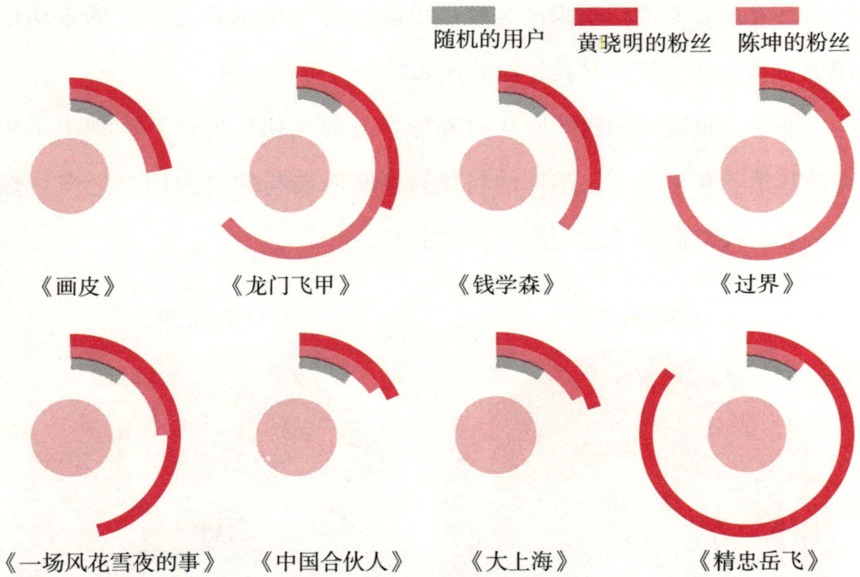

图 6　陈坤和黄晓明二人对其影视作品的宣传带动作用

商业品牌提及偏好度

对比分析二人代言的一些商业品牌，我们看到陈坤代言有道云笔记，黄晓明代言天梭，均对其粉丝群体形成了积极的品牌宣传效果（群体偏好度的提升均超过两倍），而陈坤代言标致 308 的正向效果似乎就不太明显了。有意思的是，虽然二人都代言过康师傅品牌，但二人的粉丝群体对此品牌的提及度甚至低于随机用户。

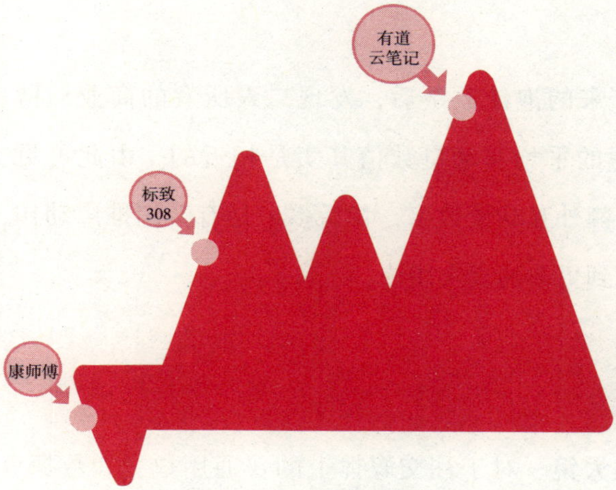

陈坤微博

	数值
单条微博总互动量	24483
疑似水军比例	85%
去水军后互动量	3672

图 7　陈坤粉丝商业品牌的偏好度

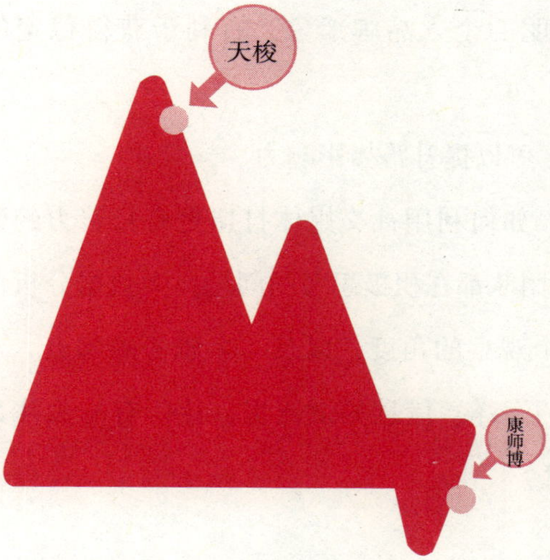

黄晓明微博

	数值
单条微博总互动量	3576
疑似水军比例	40%
去水军后互动量	2146

图 8　黄晓明粉丝商业品牌的偏好度

我们再从微博传播力的角度观察一下二人的微博营销效果。以二人的商业微博分析为例。

当我们去除水军带来的泡沫数字后，发现二人所发的商业微博，其传播效果和他们微博的平均互动量数值其实是相近的。由此可见，其单条商业微博呈现的额外互动量数字，背后多半是有营销推广动作，实际上并没有有效传播到更多的真实用户。

结语

社交媒体是一个放大镜。对于社交媒体上的普通用户，大数据分析可以从其言语，洞悉其性格。分析明星账号，则至少可以看到：

1. 只要努力并持之以恒，就有极大可能捕获你希望锁定的受众。

2. 在社交媒体上拥有鲜明的个人品牌形象，有利于获得稳定的口碑。

3. 通过展现社会责任感，可以提升跨界影响力。

在一个“作秀”的时代，如何利用社交媒体打造更有号召力的公众形象（品牌），是很多营销团队都在积极思考的问题。大数据分析仅对“作秀”的效果提供了一个观察的角度，以及一个思考的起点。下一个问题是：如何能在数据的海洋、信息的洪流里，让所有的关注都不浪费，每一次谈及都有意义？

第 8 章

“互联网思维者”装腔指南

罗振宇之于“罗辑思维”、孟醒之于“雕爷牛腩”、赫畅之于“黄太吉”、雷军之于“小米手机”，清一水“互联网思维”的标签，无人质疑的风口大咖。大咖们的拥趸，不是“互联网思维者”，就是在成为“互联网思维者”的路上。

到底什么是“互联网思维”，至今仍未有清晰界定，但这并不妨碍改变正在发生。站在风口，猪都会飞。“互联网思维者”装腔指南在手，不敢保证你一定能飞，但至少可以让你确定，自己站对了风口。

数托邦抓取了新浪微博平台上四大战系共约 12 万独立用户，提取其个人及社会属性特征信息，尤其将“罗辑思维会员”作为重点观测样本。他们用真金白银自愿打赏罗胖为说书埋单，当属“互联网思维者”年度最佳。大数据将告诉你如何提升，尽早抵达风口。

“互联网思维者”的自白

28 岁左右的奋斗男，活泛在北京上海这种大城市，混迹在传媒圈和互联网界。职场里五六年摧残，菜鸟成功进阶，稚气褪去，人生坐标面临又一次归零重置。现实虽骨感，但理想不死，格调不降。人生的况味、创业的梦想，YY 无极限。互联网、电商、媒体、创业、科技都是我的菜，嗅觉必须始终保持敏锐。都说互联网改变世界，谁说我不能是站在风口的猪？等风来，时刻。

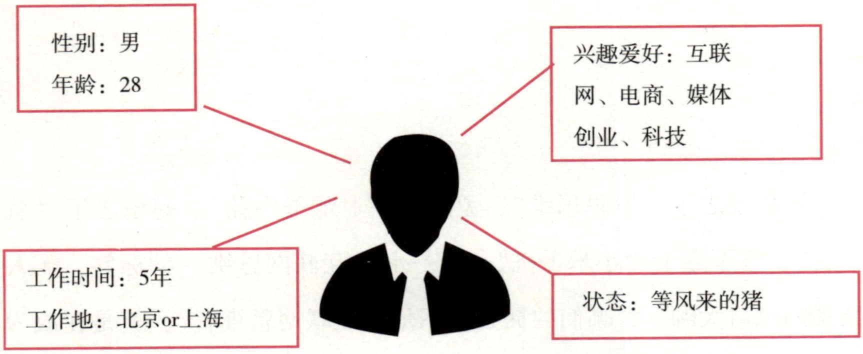

图 1　“互联网思维者”初印象

一名“基本款”“互联网思维者”，大抵应该是这个样子。

为什么是他？拜他们那个更为发达的左脑所赐，天生具有理性和抽象思维的基因优势，十个互联网思维者里有八个是“他”。更多聚集在一线城市？资源集中总是会产生溢出效应，财务自由、创业风盛、智力密集、软硬件超期待无缝对接。不得不承认，高大上的地方总会产生更多白富美和高富帅，否则，就只能是土豪。

25~30岁区间，一甩初入社会的不适和尴尬，从容思考人生规划事业，让积蓄的能量寻机释放。传媒和互联网这两个圈，本身就是易感体质，对“互联网思维”的防御指数几近为零，投身其中还想着“脱敏”，还是省省吧。

虽然不至呼风唤雨，但在新浪微博这个虚拟社区里，汇聚在“互联网思维”旗帜下的他们的影响力不可小觑。按照数托邦设定的平均社会化影响力指标来看，他们稳居金字塔中层，作为信徒，他们比用户更忠诚，比粉丝更理智。

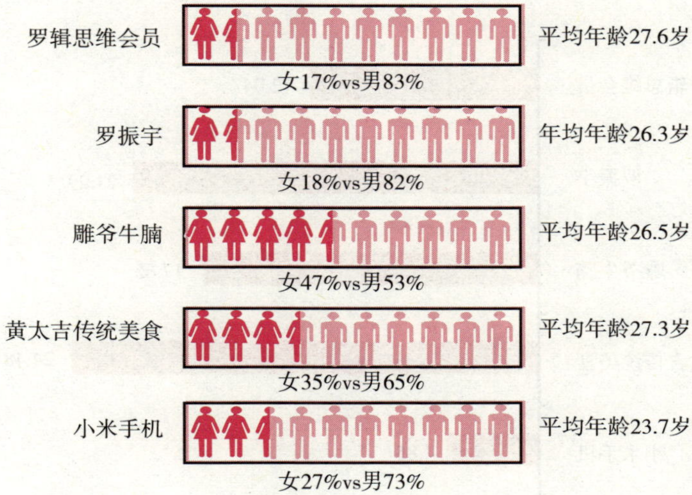

图2　粉丝的性别和年龄分布

省份排名	罗辑思维会员	罗振宇	雕爷牛腩	黄太吉传统美食	小米手机
1	北京	北京	北京	北京	河北
2	天津	上海	天津	天津	山西
3	山东	陕西	海外	山东	河南
4	辽宁	山东	河北	辽宁	陕西
5	内蒙古	天津	山东	黑龙江	山东
6	上海	山西	山西	河北	宁夏
7	陕西	湖北	辽宁	江苏	甘肃
8	新疆	江苏	黑龙江	陕西	新疆
9	江苏	河北	内蒙古	宁夏	天津
10	吉林	河南	江苏	山西	黑龙江

图3　粉丝的地域偏好 TOP10

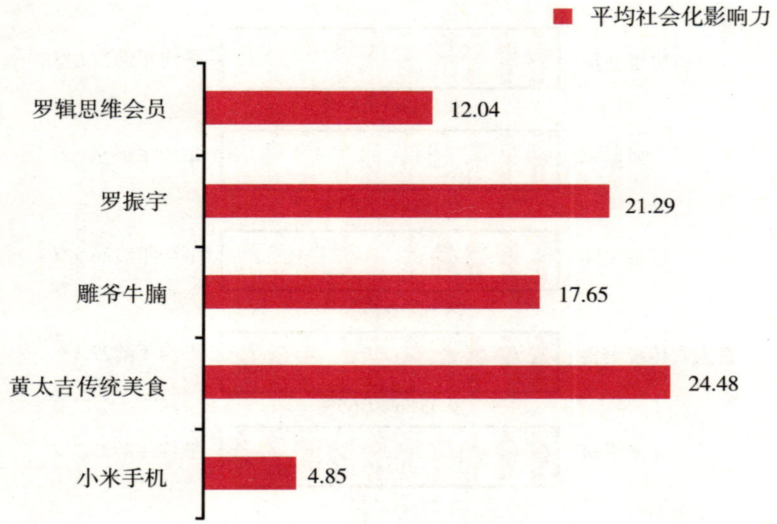

图 4　粉丝的平均社会化影响力

值得一提的是，相较于该群体整体水平，米粉显得更加年轻化，社会资本更轻量。他们更多来自二三线城市，平均年龄不到 24 岁，多数为在校学生，他们在微博上的平均社会化影响力至多为其他三系的四分之一。“两轻”附加他们更多娱乐色彩，深度少了一些，厚度少了一些，但追赶潮流的速度却快了一些。

作为信徒，他们全身心拥抱互联网。移动互联网、电子商务、媒体、创业、营销、艺术等是他们共有的社会化标签。具体到四大战系，则各有调调。罗系书香史香内秀调，雕系创意时尚摩登调，黄系广告营销得瑟调，小米系则物美价廉厚道调。

24 小时，要这么来过

每天早上睁眼，摸到手机，娴熟的打开微信 APP，播放 6 点半准时静卧在那里的罗胖 60 秒微信语音。

中午邻近饭点，电话要份黄太吉外卖，运气好的话能吃到奔驰跑车专送标准双蛋煎饼。

傍晚，约上好友，雕爷牛腩走起，再三嘱咐准点到，人不到齐不让进，就是这么拽。

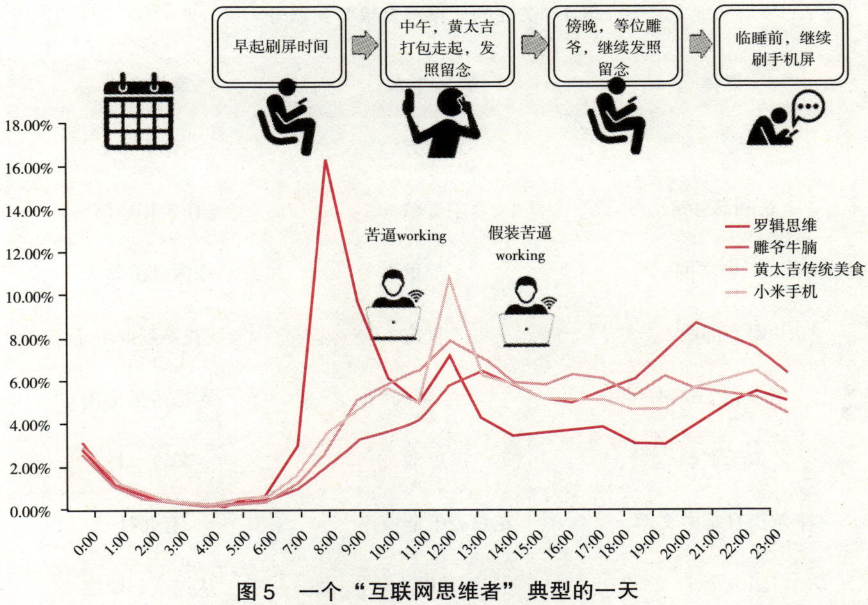

图 5　一个“互联网思维者”典型的一天

看电影？打开 APP，查影评看评分选座位付好钱，去了直接看。

打车，当然嘀嘀或快的，不用白不用。

晚上10点，独享时间开启。微博微信，公号朋友圈，不停点赞评论，忙着呢。

一个“互联网思维者”典型的一天，应该这样度过。

三观自我校验

三观正不正，你家里人知道吗？反正，关注偏好知道。

自由在高处。或崇尚独立精神自由思想，偏爱那些凌厉的声和另类的光，作业本等“名家”的段子，那根本就是同一事物的背面。

表1 关注的“精神食粮”类账号

媒体	加V个人	草根个人
壹读	贺卫方	作业本
正和岛标准	茅于轼	作家崔成浩
FT中文网	王福重	中国经济学人
财经郎眼	王牧笛	没我找不到的电子书
老友记 Friend	土家野夫	连岳岳岳岳岳
蛮子文摘	肉唐僧	慕容一村
华尔街日报中文网	花总丢了金箍棒	有邻社
南方周末	五岳散人	从挖坑到填坑
	琢磨先生	思维导图应用公开课
	变态辣椒	

圈内那点事，岂能不追？两大关注子群：其一为科技博客、极客乐园、大数据、投资电商咨询和自媒体品牌纠集而成的高密度信息轰炸群；其二，则是那些业界活跃分子、知道分子、明星创业大当家组团的群星闪耀群。

表2 关注的互联网信息类账号

媒体	个人
虎嗅网	杜若洋
冬吴相对论	金错刀
科学松鼠会	马佳佳 powerful
i 黑马	龚文祥
数据挖掘与数据分析	吴伯凡
凯子曰	鲁振旺
鬼脚七的 2014	许单单-互联网分析师
创业家杂志	刘强东
FT 中文网	杜子建
爱范儿	钱皓-互联网分析师
创业邦杂志	罗永浩
华尔街日报中文网	萧秋水
天下网商	孕峰 nature

不能不说的秘密，雕爷麾下更多吃货，而且还能吃出小资，吃出调调。星巴克常客，下午茶犒赏自己精致美味点心。出门寻吃靠大众点评什么的实在是弱到爆 Low 到底了，唯有《TimeOut 北京》神马的方能让自己保持一定水准。雕爷信徒大多有个煮夫/妇、烤夫/妇的心愿，有机的，自己来。

表 3 关注的美食类账号

爱去哪儿吃	哪儿找吃的	自己下厨房
大董大懂	BTV 美食地图	文怡美食生活馆
21cake	名厨	文怡
星巴克中国	TimeOut 北京	小白素食记录
海底捞火锅	橄榄餐厅评论	君之
MSSugar 蜜斯蜜糖	点评团・北京	下厨房
皮娜鲍什下午茶	米其林指南	悦食 Epicure
1001 号烤箱	悦食中国	贝太厨房
薛蟠烤串	殳俏	卤煮鲍鱼
本来生活	BTV 梦遥	
豆荚农庄	北京不靠谱餐馆预警及点评	
快书包	北京吃货小分队	
一夫食堂	北京美食攻略	
北京有机农夫市集		

创业那些经验值，不能不知

当“互联网思维”成为营销噱头，会有人埋单吗？有！

从二级关键词提及数据来看，即使 16.4%（雕爷）和 28.2%（黄太吉）的粉丝明知这是一种营销，但仍有 6.78%和 7.33%的人“专程、专门、特地、打车”过去感受。味道已经让位营销，不再是最重要的提及。

当吃饭都变成一种体验消费和符号消费，颠覆它真的来了。暂且不论是否叫座，最起码叫好。整体口碑，《罗辑思维》领跑，满意度均过半。

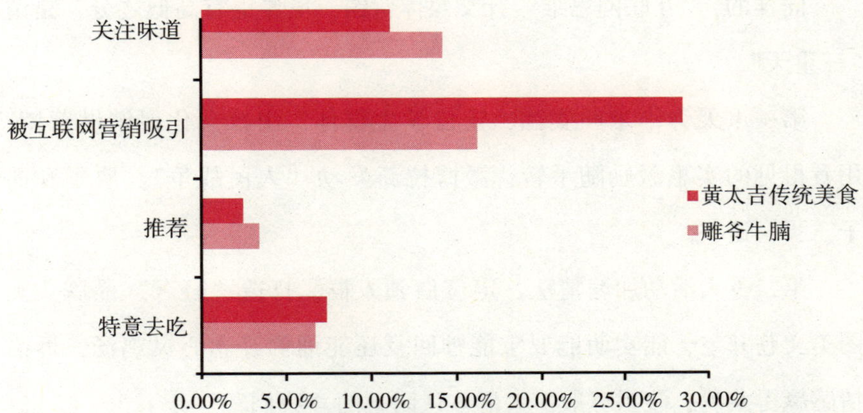

图 6　黄太吉和雕爷牛腩的食客光临诱因

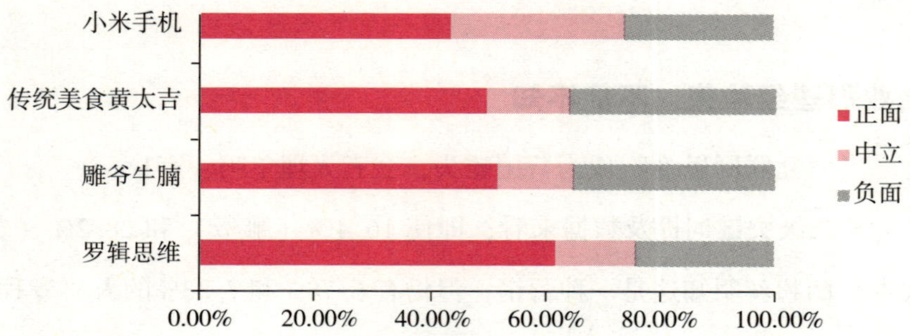

图 7　四大品牌的微博口碑

"死磕自己，愉悦大家"，《罗辑思维》收获"独立"、"有趣"、"快乐"、"成功"的赞誉，"U 盘化生存"理念和"见识"征服了用户。拴住一个人的心，先拴住他的胃。"好吃"、"精致"、"神秘"，雕爷成功了。"不同"和"直接"也让黄太吉和小米手机并不丢分。

同样的，"互联网思维"社交媒体营销，境界也有高低之分，是谓"三重天"。

第一重天为小米叫卖法，定位学生群体，用社会化促销做营销。用看得见的实惠激励随手转，微博拉新发动"人民战争"。票子和面子，买一送一。

第二重天活动加煽情法，定位白领人群，打造"轻奢"品牌。美图美文苍井空，能卖萌能耍宝能神回复还能诵佛经念心灵鸡汤，诉诸情感赢得共鸣，滚雪球般扩大群体认同下的"我们"。

第三重天为柏拉图精神恋爱法，定位人生路上的思考者，在思想上与你打通，push you，change you，贩卖思想，另一种"精神鸦片"。一旦沾染，欲罢不能。

实利诱惑激励、群体认同催化再到思想融通对话，不断进阶，但远不是终点。

结语

“互联网思维者”集中且鲜明，他们的格调自动为他们与其他群体划清了界限。未来的互联网和移动互联网是什么样的，从他们的格调中大可窥得一二。如果将其作为一项创新，那扩散还未到达“S 曲线”的临界点。

从新概念到新经济，有多远？

也许，几本“互联网思维者”装腔指南的距离吧。

第 9 章

貌似企业家的娱乐人士

——自称影响大过央视的任志强

任志强的影响力真的大过央视吗？他喜欢和谁玩？关注任志强的都是什么样的人？这些，大数据都可以一一告诉你。

任志强在新浪粉丝数量排行榜上，列在第 69 位，但排在他前面的企业家，寥寥无几。按照我们的想象，任志强在微博上互动最多的应该是粉丝榜单上比他高四位的小潘，但统计结果显示，任志强在微博里最喜欢“勾搭”的，居然是一位女企业家兼作家。任志强本人对《壹读》记者说，“我的影响力大过央视！”我们分析发现，这一次，他又说对了。

任志强的微博作息时间表

截至数据提取时，也就是 2013 年 10 月 20 日，我们看到的任志强个人微博主页是这样的：

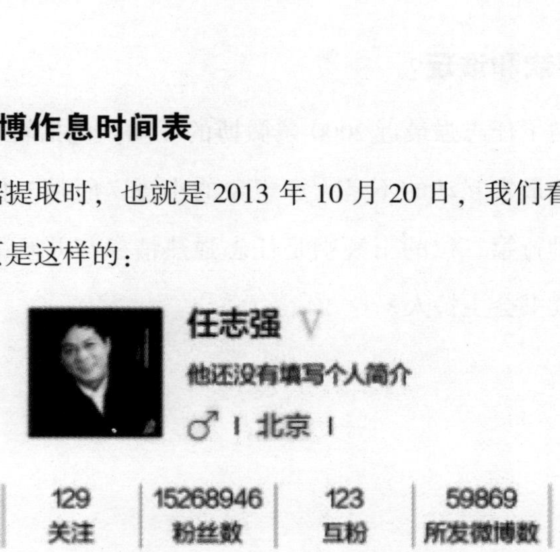

任志强每天发微博最勤快的时间段是早上 7 点和晚上 9 点。可以这样想象他的大 V 生活——每一天，由微博始，自微博终。

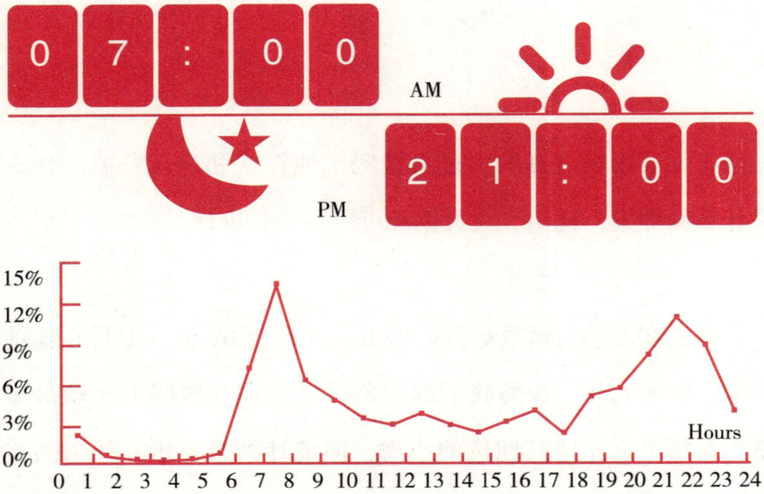

图 1　任志强的微博发表时间规律

任志强最喜欢和谁玩？

我们归纳了任志强最近 2000 条微博的互动，包括转发、提及、评论等，发现他最常互动的不是大家想象的小潘，而是一位美女企业家兼作家。而排行第二位的王巍则是任志强热情参与并晒书不止的中国金融博物馆读书会主持人。

任志强最爱互动排行榜

排名	名称	权重
1	米瑞蓉 小说《留守男人》作者、成都市女企业家协会会长	162.0
2	王巍 并购专家，中国金融博物馆理事长	117.0
3	潘石屹 SOHO中国董事长	84.0
4	刘春 搜狐公司副总裁、搜狐视频首席运营官；原凤凰卫视执行台长	80.0
5	新浪财经 新浪财经官方微博	63.0
6	赵晓 北京科技大学管理学院教授	52.0
7	SEE官方微博 阿拉善SEE公益机构官方微博	43.0

图 2　任志强最爱互动排行榜

任志强 PK 央视

任志强本人曾对《壹读》记者说：“我的影响力大过央视！”我们分析了任志强、央视新闻、王石等人的最近 2000 条微博，从其中原发微博的中位转发数来看，任志强的说法是可以成立的。当然，任志强的原创微博多为个人看法，而央视新闻所发微博则是新闻，相对来说前者更易于获得转发和点赞。

表1 任志强、央视和王石的微博影响力

	任志强	央视新闻	王石
最近 2000 条微博中的原始微博数	445	1639	647
中位转发数	1195	755	435
中位评论数	148	309	306
中位“赞”数	246	182	113
互动（转发、评论和赞平均数）	2069. 5	3438. 2	1685. 1

任志强的圈子

在社交媒体上，每个人都不是孤立的存在，因此考虑其微博影响力，必须要同时考虑与其关系紧密的社交圈。此处我们观察了一个指标——人脉影响力，即某人互粉好友的影响力之和。李开复是我们的比较标杆，如果他的人脉影响力是 10000 的话，我们发现任志强的互粉好友的影响力是李开复的一半不到。

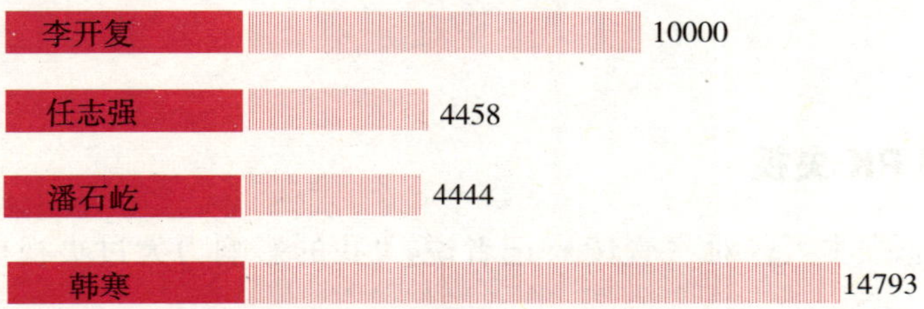

图3 任志强的互粉好友影响力

谁在关注任志强?

关于这个问题，我们不仅观察了任志强的最近 30000 个活跃粉丝(已去除疑似水军账号)，更观察了这些粉丝的其他关注对象、粉丝的粉丝和他们发的微博等。

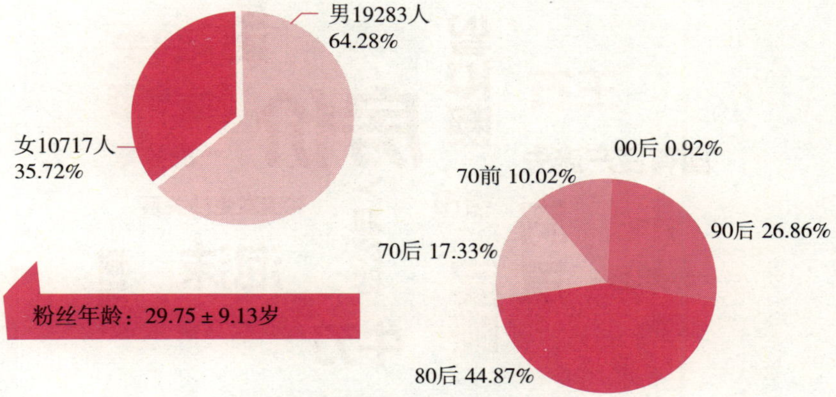

图 4 任志强粉丝性别和年龄分布

表 2 任志强粉丝最关注的 5 大媒体帐号

排名	关注偏好度	微博 ID
1	219.11	华尔街日报中文网
2	196.72	南方周末
3	177.31	头条新闻
4	174.48	炎黄春秋编辑部
5	172.98	正和岛标准

谈论任志强时，粉丝其实在谈论什么

在2013年提及了任志强的172364条微博中，我们剔除了其中的同一用户重复发布和疑似水军发文部分，剩下98105条。这些微博的关键字是：

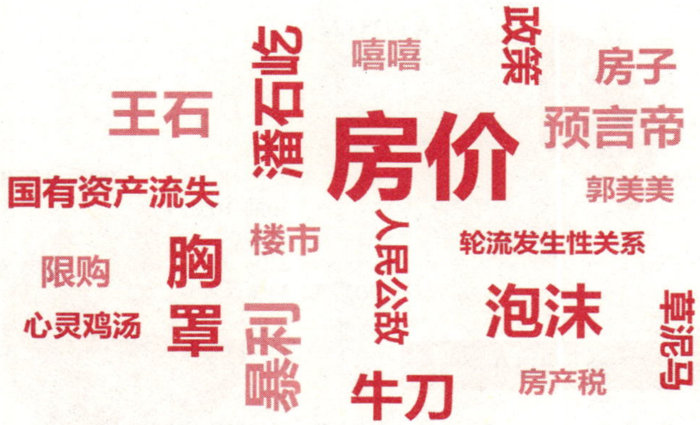

图5 任志强提及微博关键词

此外，这98105条微博中，共@其他用户共76284次，平均单条微博@其他人0.78次，除了任志强本人以外，被@最多的人见表3。

表3 任志强的粉丝还在关注谁

排名	微博ID	占比
1	潘石屹	6.39%
2	李开复	2.80%
3	薛蛮子	2.08%
4	新浪财经	1.14%

第 10 章

大数据起底《龙门镖局》

——来自“二次元”的观众

第一想说的是，这是写给中国电视剧创作者们的一篇文章。如果文章能有一点点信息量入您的眼，请您在以后的创作中也考虑一下来自“二次元”世界的观众欲求。毕竟电视荧屏已经被婆婆妈妈的“三次元”（现实世界）霸占了好多年，别人的电视剧都来自星星了，中国电视剧的创作也该有点新意思了。

第二，要感谢宁财神为本文提供了一个分析样本——马上就要开启第二轮播出的《龙门镖局》。2012 年这部剧首播时电视收视率不太理想，但是钱和关注度绝没少挣。人们都说，是使用手机、电脑、平板电脑等工具进行跨屏追剧的新一代年轻视频观众成就了《龙门镖局》，但是神马是“新一代年轻视频观众”，你知道吗？

在大部分电视剧创作者还在婆婆妈妈的“三次元”现实世界里睡懒觉，没空理会什么是“二次元”的时候，宁财神已经在与“二次元”观众谈恋爱的道路上走得挺远了。集齐了来自五湖四海的“神经病”的《龙门镖局》就是他瞄准“二次元”观众的一次实验。

“二次元就是全世界。”——宁财神在接受媒体采访时表达过他对“二次元”受众的看法。他认为，“二次元”受众比一般人想象得更有影响力，虽然在收入上不是在塔尖，但是他们在文化辐射力上站在了塔尖的位置。当他们对一件事情感兴趣的时候，他们会用各种各样匪夷所思的方式影响周围的人，也正是他们制造了近些年的各种流行词汇。但是当记者要求宁财神描述一下这些“塔尖”上的二次元人群时，财神狡黠地说：“能描述也不能告诉你啊。第一它未必准确，第二确实是商业机密。”

被宁财神藏起来的秘密，我们试着挖出来。

《影视圈》杂志联合数托邦，深挖网络三千尺，以求拼出一幅宁式神剧的拥趸群像。

TIPS：#二次元#

所谓“二次元”，原指可以用 X 轴和 Y 轴来定义的二维空间，漫画和动画描绘的是平面的二维空间，因此是二次元的。电玩游戏、玩偶和手办玩具虽然是三维立体的，但由于它们一律是在动画、漫画等的二次元角色基础上产生的，而且是纯属虚构的，它们也被认定属于二次元世界。简而言之，二次元的世界有三宝：动画（Animation）、漫画（Comic）和电玩游戏（Game），也即 ACG。

方法介绍

数托邦运用自有算法对《龙门镖局》播出后新浪微博上的“原发提及微博”进行了抓取，对疑似水军过滤处理后共得到有效微博 8.07 万条。为对《龙门镖局》的观众群进行更为精准的分析刻画，数托邦综合微博发布时间、场景提及等方法对通过网络观剧和通过电视观剧的人群进行了有效分离，从而得到了两个基准观察群体——网络受众和电视观众，并着重描绘分析《龙门镖局》网络受众的特点。

双屏收视分化　网络逆袭扶正

2013年7月30日至8月13日，《龙门镖局》在东方卫视、湖北卫视、天津卫视和安徽卫视四大台联播（央视首播时间晚于四大台），收视率表现平平，观众口碑也是褒贬参半，但这却丝毫不能影响其在网络世界里的超高人气：微博话题讨论量居高不下，“龙门镖局”迅速成为搜索热词。而据《龙门镖局》新媒体版权方盛世骄阳介绍，该剧在卫视播出期间，八大视频网站共计播放8.56亿次，连续两周位列视频网站播放总榜第一位。数托邦基于新浪微博上对该剧的提及分析，亦发现与其电视收视率相比，《龙门镖局》的“微博收视率”整体处于高位。

TIPS：#宁财神说#

“《龙门镖局》这部戏的受众至少是微博用户，是真正关注时事、关注热点话题，有一定信息积累的人。”

观众群体轮廓描述

女人手里的遥控　男人指尖的鼠标

在新浪微博上提及《龙门镖局》的原发微博用户中，电视观众（通过电视观剧并在微博上提及《龙门镖局》）男女比例为1：2，其中男性用户并未对该剧表现出太大的兴趣；网络观众（通过视频网站观剧并在微博上提及《龙门镖局》）中，男女比例实现反转，男性用户占比达54%，超过女性用户。

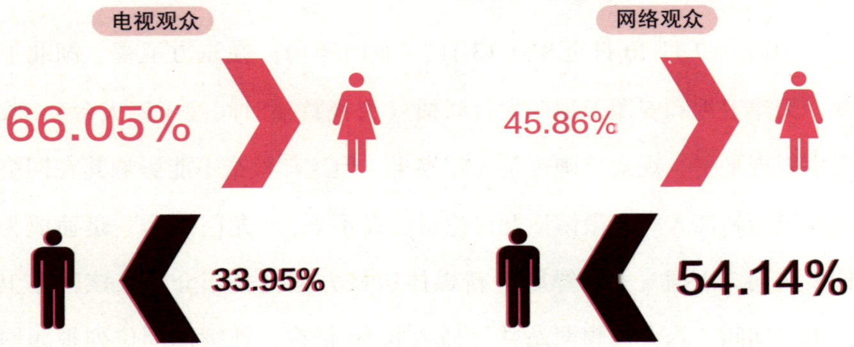

图1　电视观众与网络观众性别分布

追剧人群正青春　90后是主力

追剧人群正青春，《龙门镖局》明显是90后的菜。

数据分析显示，《龙门镖局》的网络观众表现出了明显的年轻化特点，平均年龄22.58岁（标准差：4.83），即17至27岁的年轻人，多为在校大学生及莽撞修炼中的职场菜鸟。这一特点在传统电视观众老龄化的大背景下尤其醒目（据CSM数据显示，2013年上半年，在总体的电视观众中，35岁以上的人群占65%）。

从观众的代际分布来看，90后抢占了超过六成的席位，为观剧的绝对主力人群。80后也圈地三成，剩下不足5%的席位被70前、70后及00后瓜分。

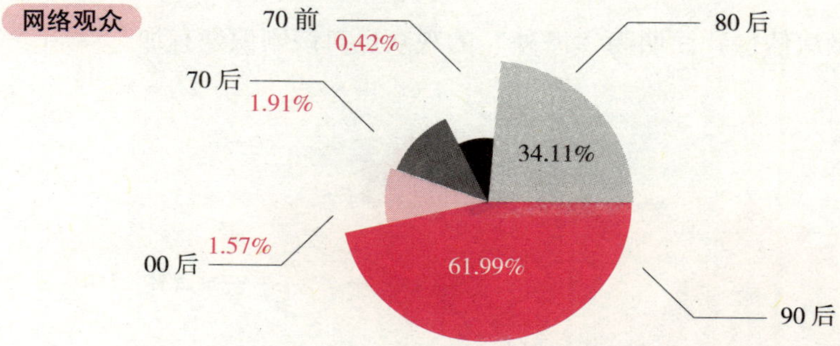

图 2　网络观众年龄代际分布

方言笼络人心　“海外党”受重视

据统计，在《龙门镖局》中一共出现了不下 12 种大陆方言，包括粤语、长沙塑料普通话、武汉弯管子普通话、东北话、河南话、吴语等。而微博数据分析显示，该剧网络观众的地域偏好度 TOP10 榜单上，上榜地区当地的方言几乎都能在剧中找到代言者，可见方言在笼络人心上还是有一定效果的。

同时，电视剧的播出平台（上海、天津、安徽等）也与观众的网络收看行为有一定的关联。天津、上海、安徽的观众，对该剧表现出了更多的关注。

《龙门镖局》播出同期，宁财神作为嘉宾参加了江苏卫视的热门节目《非诚勿扰》，也激起了江苏观众到网络上观看、点评《龙门镖局》的热情。至于黑龙江、辽宁和吉林的观众，根据长期以来的数据观察，他们（东三省观众）对影视娱乐话题的关注度一直都高于其他地域，此次在《龙门镖局》的表现上也不例外。

此外特别值得一提的是，在《龙门镖局》的网络观众群体中，所在地（微博信息）注明为“海外”的观众也对该剧偏爱有加。

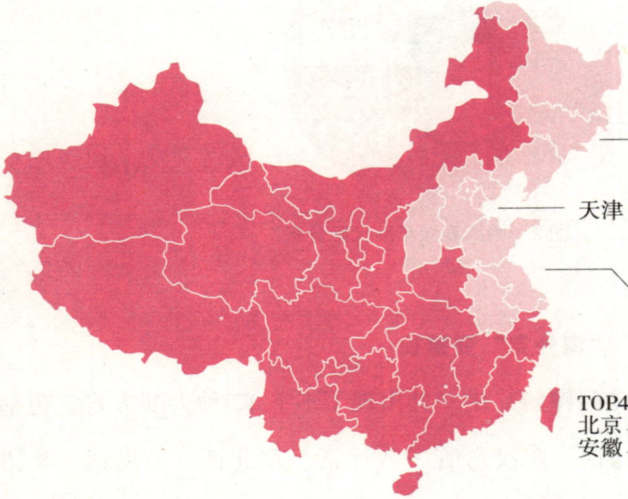

图 3 网络观众地域偏好度 TOP10

TIPS：#关于“海外党”#

宁财神最关注的评论来自微博和以动漫内容为主的弹幕视频网站 bilibili。在 bilibili 上，宁财神发现自己埋下的那些“梗”都被“二次元”爱好者们通过弹幕一一指出。在这个网站上，他只搜集从晚上片子上线到第二天早上十点半的那些评论，剩下的则被视为无效数据。“这个时间段都是海外党。有一定知识量，心态相对平和，很多其实也都没什么钱，但是看过更广阔的世界，生活有更多的可能性，看过大量二次元作品，受过大量叙事节奏和信息量的训练。”宁财神说。

网络行为习惯摸查

网络观众传播力更强

数据显示,《龙门镖局》的用户（观众）中，网络观众（通过网络观剧的观众）在微博这个社交网络中攒有更高信用，拥有更多关系资本，保有持续的网络活跃度和可观的号召力。不仅网络观众群体的粉丝及互粉整体水平均高于电视观众（通过电视观剧的观众），数据还显示，网络观众群体的相关微博平均互动量为13.3，是电视观众的三倍多。

微博平均互动量是用来衡量微博社交关系网络的信息渠道宽度及活力的指数，计算方法是通过将提及微博的转发、评论、点赞数量相加得到总量，再除以微博条数，从而得到平均互动量。该值越大，说明信息流动渠道越宽、关系属性越强，网络越有活力。

观众分布：学生为第一大党

22岁的网络观剧平均年龄决定了《龙门镖局》的整体观众群中，学生为第一大党，人数过半，低至中小学生，高至研究生。

撇去学生党，其余的观众就行业划分来看，占比由高到低依次为：传媒/新闻业、娱乐/时尚/旅游、IT、财经/金融、体育。

中午晚上看剧的多　吐槽点赞不怕晚

对观众发文时间的统计发现，观众的（评论）信息发布每天会出现两个高峰：最高峰在 20 点—23 点，该时段发帖占比近 30%；次高峰在 11 点—13 点，该时段发帖占比约 15%。可见 20 点—23 点和 11 点—13 点也是网络观剧的高峰时间。

0 点到 3 点时段，该剧的网络观众发帖比例也占到了 8.5%，可见吐槽、点赞不怕时间晚，网民中夜猫子不少。

视频网站优酷胜出　弹幕网站霹雳来袭

“网络视频观看来源”榜单显示：位居第二的是一个“非主流”视频网站哔哩哔哩（bilibili），又名 B 站。这是一家 ACG 的弹幕视频分享网站（弹幕网站是“二次元”的聚集地，《龙门镖局》想要讨好的则正是“二次元”观众），它允许注册用户在观看视频的同时吐槽评论，并将在所有观看者观看至此视频此时间点时以滑动而过的字幕显示出来。大量吐槽评论密集滑过，像极了飞行射击游戏里的弹幕，故称弹幕网站。

弹幕网站囤积了大量优质的动漫、影视等娱乐资源，但如果你不是 ACG 的超级粉丝，你可能不太能享受弹幕网站极其霹雳、凌乱的看剧体验。但是，这样一个网站，却分走了《龙门镖局》四分之一的网络观众。在 bilibili 的个性化社区价值面前，除了优酷，其他大众化的视频网站都相形见绌。

优酷在榜单中排名第一。有近四成的观众通过优酷看剧并且将观剧感受分享到了微博上。在这项指标上，优酷将它的同行小伙伴——搜狐视频、爱奇艺、乐视网等甩出了无数条街。这一方面说明了优酷的视频点评氛围营造得不错，优酷网民的分享活跃度较其他视频网站更高。另一方面，优酷胜出也与其通过自制出品内容着力为自己打造的品牌形象有关。

2013年8月，优酷上线了由叫兽易小星操刀制作的迷你剧《万万没想到》(叫兽易小星算是弹幕界的名人)，迅速引爆网络。可以判断，优酷凭借《万万没想到》的超高人气也收获了大批“二次元”用户，而这批“二次元”用户也成为了《龙门镖局》在微博上最有力的传播者。

网络观看来源TOP10中排在第3~10位的依次是：搜狐视频、土豆、爱奇艺、乐视网、新浪视频、腾讯视频、PPS、酷6。不过这八家网站拉去的用户数总和，都不及第二名bilibili。

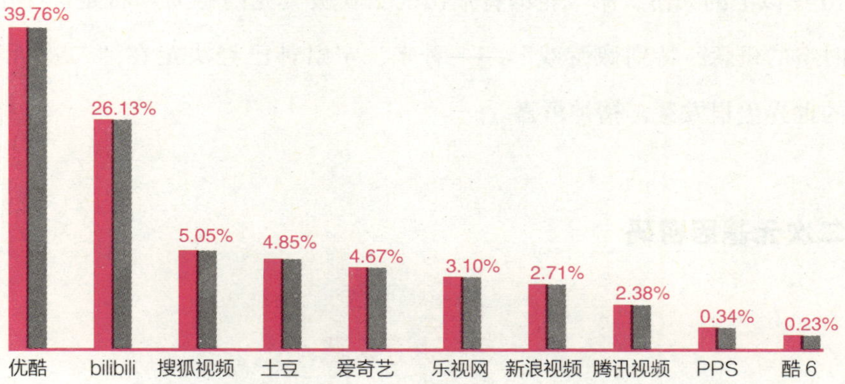

图4 网络观看来源分布

口碑：大多数中立 好评多过差评

《龙门镖局》的网络观众口碑，综合评分7.28分（满分10分）。39.91%的网络观众对《龙门镖局》给出了正面评价，13.5%的观众给出了负面评价，46.59%的观众持中立态度。

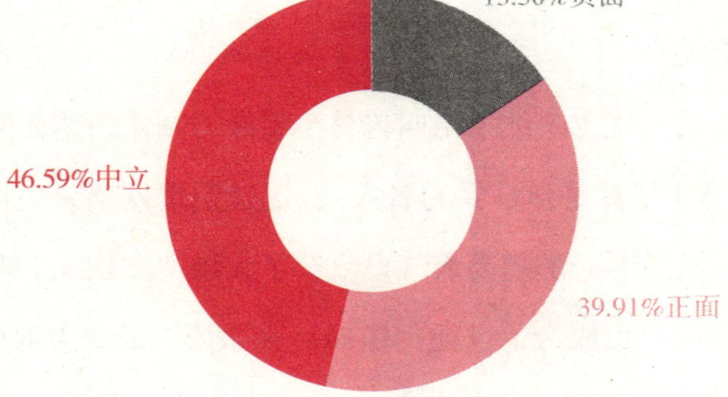

图 5　网络观众口碑

据悉，宁财神在收集了网络上观众的意见后，重写了《龙门镖局》10 集以上的戏份，第二轮即将播出的 2.0 版《龙门镖局》将是“平行时空的概念，特别像游戏”——看来，宁财神已经决定在“二次元”的世界生根发芽，精神可嘉。

二次元基因密码

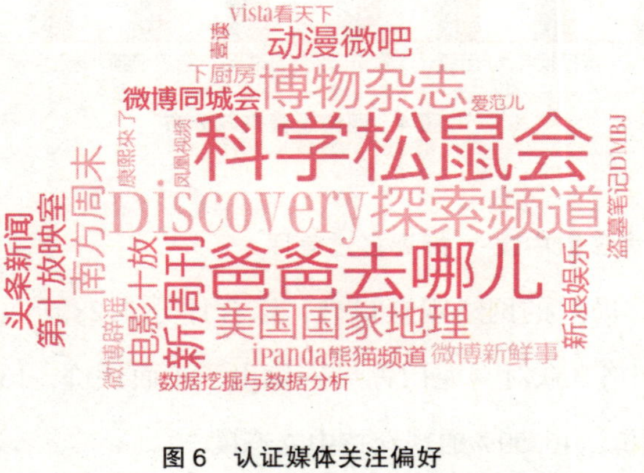

图 6　认证媒体关注偏好

图 7　认证个人用户关注偏好

图 8　未认证账号关注偏好

图 9　认证企业关注偏好

看到以上四张体现《龙门镖局》网络观众关注偏好的图（认证媒体、认证个人用户、认证企业以及未认证账号关注偏好），你凌乱了吗？如果你很少关注他们的关注，那么你对他们来说，可能也是来自星星的啦。如图中展示的，《龙门镖局》的网络观众中，随处可见“二次元”的身影。

TIPS：#御宅族#

OTAKU，源于日本，日文假名おたく，御宅原指热衷且博精于动画、漫画及电脑游戏（即二次元三宝 ACG）的人，现在也泛指热衷于某种次文化，并对该文化有极深入了解的人。

在《龙门镖局》网络观众关注的“认证媒体”中，得到最高偏好的是——CCTV 新科动漫频道，这充分体现了“二次元”痴迷动漫的特点。同时，他们还对专注于科普的科学松鼠会、专注于吐槽的第十放映室，以及知识性、趣味性较强的媒体（爱范儿、壹读等）表现出了较大的偏好……总的来说，可以判断出这是一个好奇心较强、接触的信息面较大的群体。

网络观众关注的“认证个人”主要包括：《龙门镖局》主创、网络视频大拿（例如叫兽易小星、老湿、敖厂长）、动漫创作者（例如《十万个冷笑话》的作者寒舞 cxl）、弹幕站长（例如 bilibili 的站长 9bishi）等。从数量上来看，漫画作者和网络视频制作者为受关注最多的两大人群。

网络观众关注的“未认证用户”中，则到处弥漫着御宅酸腐重口味。譬如有著名神经病（作业本），还有著名艺术家（留几手），有各种奇怪的笑点，以及各种新奇的玩意儿。总之，在他们眼中，游戏是一种信仰、吐槽是一种原则……图中所示，若有不懂，可自行搜索。

网络观众对“认证企业”的关注偏好，则体现了“二次元”御宅族明显的“日范儿”以及对游戏的偏爱。例如，学日语有沪江日语，购买日本正版动漫周边产品有 Animate 中国，玩网游有日本游戏厂商发布的《扩散性百万亚瑟王 MA》，听音乐有东瀛音悦 Tai。知日（ZHIJAPAN）则是一个专门关注日本的媒体品牌（报道记录有关日本的文化、创意、技术、潮流、艺术和旅行等）。还剩的一点空隙，也由网游《古剑奇谭》《仙剑奇侠传》和原创漫画填满。

结语

到目前为止，尚无机构准确统计过我国“二次元”御宅一族的规模。但是，从消费 ACG 到出现御宅族进而形成一种粉丝文化，日本御宅文化的演进轨迹正在我们身边重演。2008 年，日本发布《御宅产业白皮书》，称 2007 年日本整个御宅产业的市值已超过 16 亿美元。作为“新一代年轻视频观众”中最活跃的群体，“二次元’在中国或将崛起为一种新势力，深刻地影响到未来中国视频内容的发展。鉴于此，更加深入地了解他们，事不宜迟。

第 11 章

全民选秀 2013

是时候有一个新榜单了

电影盘点，不要只看票房榜；电视剧盘点，不要只看收视率榜；明星盘点，也无须对着各路盛典大奖干瞪眼。数托邦将用大数据告诉你一个不一样的 2013 影视圈。

最多元的评价指标、最多的投票人数、最准确客观的数据、最公开透明的意见表达、最顺畅的信息流动，汇集成 365 天全年度的观察数据——《影视圈》杂志联合数托邦工作室推出“2013 中国影视全 V 榜”！

在粉丝经济渐成气候的今天，由社交媒体产生的数据榜单将是一面更为真实的镜子，360 度无死角，不仅照见当下，更可预测未来。

新浪微博上的加 V 个人用户虽然在新浪微博 3 亿多的用户总量中占比不大，但却可以深刻影响整个微博虚拟社区的舆论生态及走向。为制作 2013 中国影视全 V 榜，《影视圈》杂志联合数据团队数托邦，对新浪微博上超过 60 万加 V 认证用户的影视提及微博进行了地毯式的爬取分析。

表 1　新浪微博加 V 用户基础信息

指标	数值
用户数	>60 万
影视用户数	5.5 万
平均年龄	28.5 岁
男女比例	1.78
南北（方）比例	0.92
人均粉丝数	2.2 万

数据显示，全 V 人群的平均年龄为 28.5 岁，男女比例为 1.78∶1，南方用户略多于北方（北方用户与南方用户之比为 0.92∶1），人均坐拥粉丝 2.2 万个。

为了便于深入分析，数托邦还对全 V 用户进行了进一步的群体细分，将在个人昵称及认证说明中提及影视相关信息的用户归为“影视用户”，这个约 5.5 万人规模的圈子即为全 V 中的“影视圈”。如果说全 V 用户对影视行业的影响是间接传导式的影响，那么“影视圈”这个“小”圈子则对行业有着更直接有效的影响力。

下面就由全 V 投票，新鲜揭晓 2013 年震动“影视圈”的那些作品与那些演员。

2013 年内地共上映电影 305 部，其中 60 部电影票房过亿，国产片占到了 33 部。全年的票房冠军《西游·降魔篇》在 2 月上映，累计收入票房 12.46 亿元。其后陆续还有《北京遇上西雅图》(5.2 亿)、《致青春》(7.19 亿)、《中国合伙人》(5.39 亿)、《狄仁杰之神都龙王》(6.02 亿）等国产片强势爆发，最终成就了全年国产片的高票房佳绩。

全V榜之国产电影

口碑极化抢人气　怀旧青春稳吸金

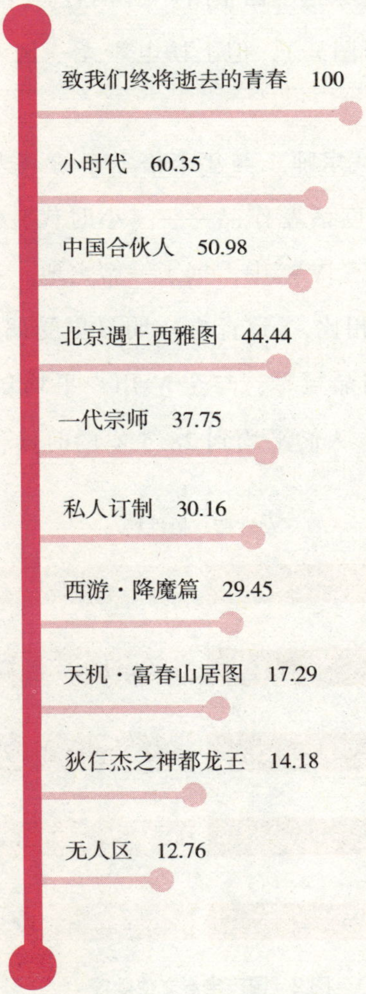

图1　全V国产电影最热提及榜

2013 年中国影视全 V 榜之国产电影 TOP10 的排名，在某种程度上也呼应了国产影片的票房吸金能力。虽然上榜影片与国产片票房年度前十名并不完全一致，排名顺序也略有差异（国产片年度票房前十名依次为:《西游·降魔篇》《致青春》《狄仁杰之神都龙王》《私人订制》《中国合伙人》《北京遇上西雅图》《小时代》《警察故事 2013》《风暴》《天机·富春山居图》），但上榜电影无一例外都是票房过亿的影片。

年初上映的《一代宗师》与年末搭上车的《无人区》凭借作品好口碑站稳脚根；年度话题作品——《小时代》《天机·富春山居图》《私人订制》也在全 V 榜中占据了一席之地。不过，与这些曾被大 V 黑过的话题影片相比,《致青春》明显更受偏爱。而《致青春》能在年度全 V 榜中问鼎冠军，与全 V 用户平均年龄偏高脱不了关系——数据已经表明，人们平均到 28.5 岁的时候，就要开始回忆青

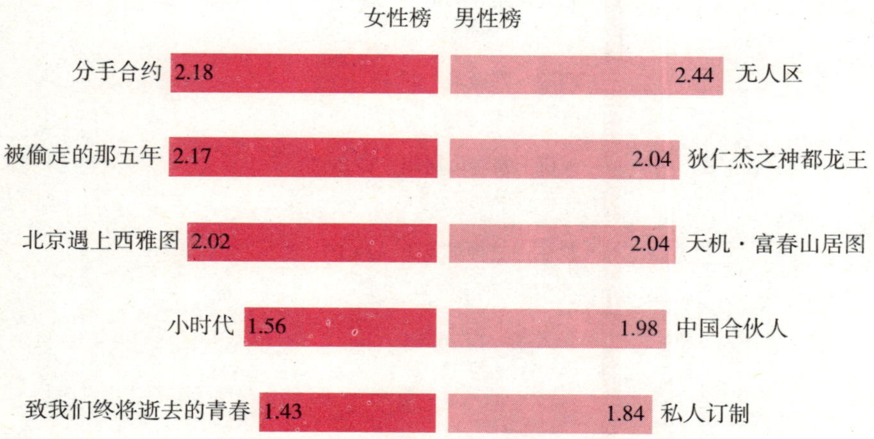

图 2　国产电影之他她榜

春了……

总的来说，上榜电影都是票房和话题性双收之作。只不过这股子热度，有的是影片本身的品质，有的是电影营销的技巧，有的是自黑的决心以及被黑的勇气，还有的则多亏了网民们的无聊。

“他她榜”再次证明了男人与女人是不同的生物。

全 V 男性用户提及国产片偏好度排名前五位的电影分别是《无人区》《狄仁杰之神都龙王》《天机·富春山居图》《中国合伙人》与《私人订制》。从类型来看，悬疑、动作、武侠仍然是男性偏爱的类型。励志故事更能让男性找到共鸣。而《天机·富春山居图》与《私人订制》的上榜则让我们不怀好意地揣测，在微博上黑这俩电影的，会不会绝大多数都是男人啊。

全 V 女性用户提及国产片偏好度排名前五位分别是《分手合约》《被偷走的那五年》《北京遇上西雅图》《小时代》《致青春》——满满的全都是“爱”。可见爱情片仍然最容易俘获女性观众的心。而《分手合约》与《被偷走的那五年》能够打败《北京遇上西雅图》《小时代》《致青春》，奇迹般地排到“状元”和“榜眼”的位置，想必是在营销上下了很大很大的力气，都不容易啊。

多说一句：据说在电影院看什么电影，选择权大多数时候是在女人手中。如果真是这样的话，好像还是拍爱情片更容易赚钱啊？

不同代际的观众对影视作品也有着不同的偏好。代际榜显示，70 前与 70 后偏好榜前五名，与 80 后、90 后及 00 后偏好榜完全没有重合。从《无人区》等五部作品的平均新闻热度可以看出，70 前与 70 后明显比其他代际更关注影片的社会话题性及其口碑评价。而从上榜影片类型来看，80 后，尤其是 90 后及 00 后表现出了更明显的轻松观影倾向。

表 2　国产电影之代际榜：看看你是几零后

	70 前与 70 后		80 后		90 后及 00 后	
排名	片名	偏好指数	片名	偏好指数	片名	偏好指数
1	无人区	1. 36	101 次求婚	1. 19	分手合约	1. 71
2	狄仁杰之神都龙王	1. 19	毒战	1. 16	被偷走的那五年	1. 64
3	一代宗师	1. 14	分析合约	1. 16	小时代	1. 49
4	私人订制	1. 84	西游·降魔篇	1. 15	不二神探	1. 36
5	天机·富春山居图	2. 04	北京遇上西雅图	1. 12	北京遇上西雅图	1. 12

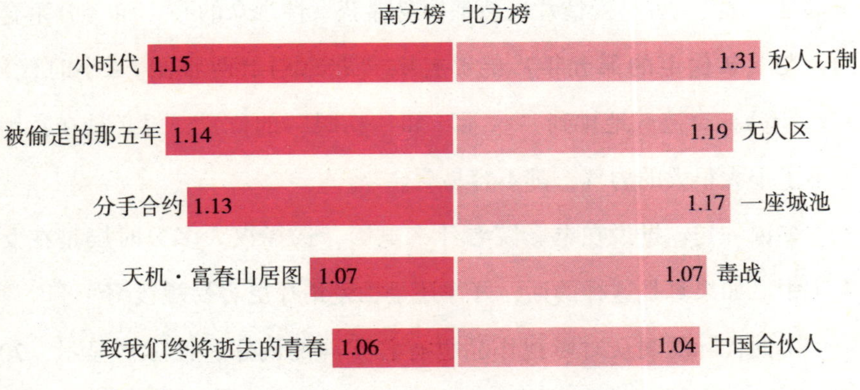

图 3　国产电影之南北榜

关于地域榜，先说一点背景。2013 年全国十大票房地区依次为广东、江苏、北京、浙江、上海、四川、湖北、辽宁、山东、福建。并且数据显示，内地电影市场的增长重心，已经从一线票仓逐渐转移到二三线票仓：北京、上海等一线城市票房，由于市场饱和，在增长上已经表现出后继无力的迹象，在全国票房前十地区中，北京、上海的增长均不超过 16%，而其余各大地区省市的票房增长基本都在 25% 以上。福建更是以 45.7% 的增长高居榜首。

一言以蔽之，南方观众的喜好很可能将越来越深刻地影响一部电影的票房表现。

在这样的背景下，我们再来分析南北方 V 用户们对国产片的偏好。南北方用户偏好差异之巨大，不是空口说白话。榜单中，影片前五名完全没有重合。整体而言，北方榜前五名作品，其气质都比较爷们儿。南方榜前五名的作品，其气质都比较婉约。北方榜《私人订制》排名第一，证明了冯小刚仍然是北方观众最爱的谈资。南方榜《小时代》排名第一，这一点《小时代》早在南方城市举办粉丝见面会时就已经用观众的实际反响证实了。

2013 年，好莱坞科幻、动作片充斥银幕，近 60 部进口片收入内地票房 90.02 亿元，同比增长 2.30%，占比 41.35%。进口片中有 27 部票房过亿，其中大部分来自于好莱坞六大公司的分账大片。分账片票房第一名是《环太平洋》，收入 6.94 亿元（2013 年进口片票房第一名是《钢铁侠 3》，7.5 亿元，但《钢铁侠 3》是作为批片引进内地，在数据采集时未列入分账片全 V 榜）。

全 V 榜之进口分账电影

好莱坞一站到底

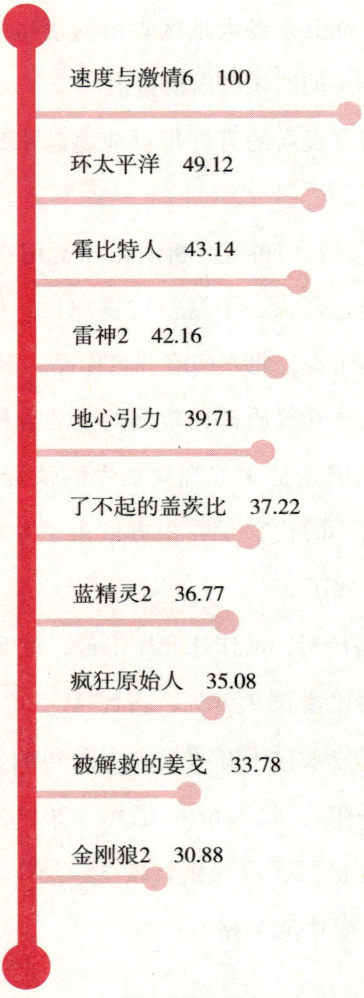

图 4 全 V 最热进口分账电影提及榜

全V榜之电视剧榜

武侠都市历史 三分天下

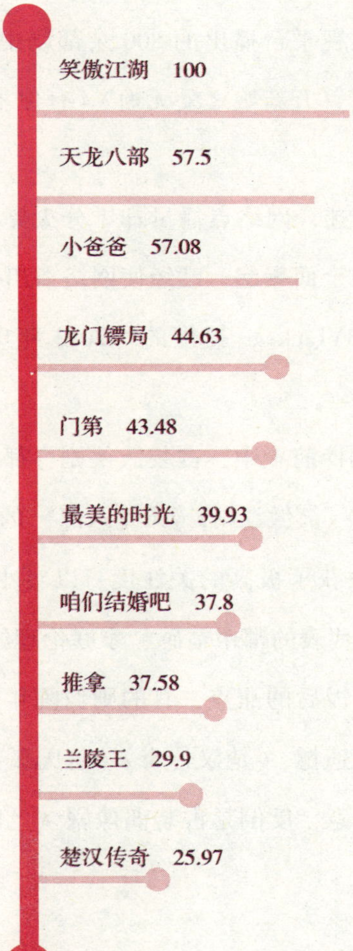

图5 全V最热电视剧提及榜

进口分账片全V榜第一名是《速度与激情6》，该片主演保罗·沃克2013年底意外去世，这在某种程度上推高了该影片的微博提及数值，因此该片数据应该在此基础上审慎估计。

2013年的电视剧市场没有产生《甄嬛传》那样现象级的作品，巨制大戏没能复制辉煌，几部雷剧却赚得盆满钵满。电视剧收视率整体低迷，据媒体统计，卫视平台播出的800余部剧中，平均收视率过2的剧集屈指可数，仅《百万新娘之爱无悔》《有你才幸福》《咱们结婚吧》三部剧破2。

虽然电视收视率低迷，网络点播量却十分火爆。网络话题的热炒效应及网络收看方式的全面崛起，已经使网络播出平台成为电视剧的一大主战场（参见表3VLinkage提供的“2013年电视剧网络播放量Top10榜”）。

在全V榜之电视剧榜前十中，古装武侠剧、都市情感剧、历史剧三分天下。对武侠经典《笑傲江湖》《天龙八部》的翻拍，虽然遭到观众的猛烈吐槽，但也收获了极高的关注度。以《小爸爸》《咱们结婚吧》《门第》《推拿》为代表的都市情感、家庭伦理剧，也在2013年继续发力——有的像茶余饭后的甜点，有的则像陈年老酒。历史剧在这一年的表现则让人颇感遗憾，《楚汉传奇》《赵氏孤儿案》《精忠岳飞》的收视表现都不尽如人意，反倒是古装偶像剧《兰陵王》俘获了不少年轻观众。

表 3　2013 年电视剧网络播放量 Top10（Vlinkage 提供）

排名	剧名	播放量（亿）
1	我是特种兵之火凤凰	46.75
2	咱们结婚吧	42.16
3	小爸爸	24.94
4	笑傲江湖（于正版）	21.88
5	天天有喜	21.80
6	陆贞传奇	21.65
7	璀璨人生	21.58
8	最美的时光	19.82
9	花非花雾非雾	16.79
10	盛夏晚晴天	16.29

统计时间：2013.1.1—2013.12.31

数据来源：优酷等 8 大视频网站

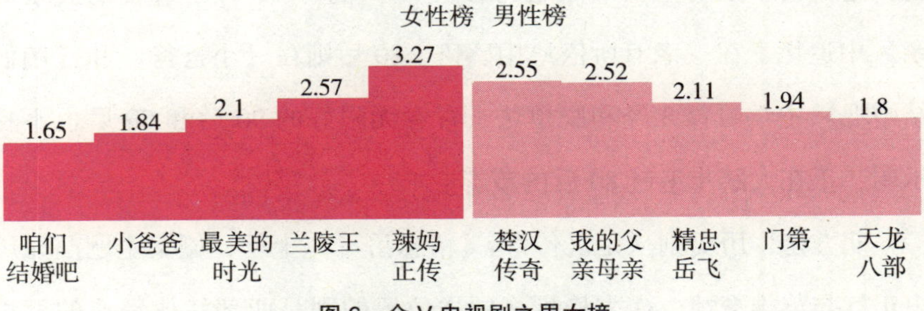

图 6　全 V 电视剧之男女榜

从榜单来看，男性更偏爱古装武侠与历史剧，英雄主题最受男性观众的青睐。女性则对都市情感、家庭伦理剧更有代入感，俊男美女搭档出演的偶像剧（冯绍峰、林依晨《兰陵王》，钟汉良、张钧甯、贾乃亮《最美的时光》）则更受女性观众待见。

表 4　电视剧之代际榜：人生操作指南

	70 前与 70 后		80 后		90 后及 00 后	
排名	片名	偏好指数	片名	偏好指数	片名	偏好指数
1	我的父亲母亲	2.18	小爸爸	1.16	小爸爸	1.55
2	推拿	1.6	龙门镖局	1.1	兰陵王	1.48
3	老有所依	1.51	咱们结婚吧	1.09	最美的时光	1.31
4	精忠岳飞	1.49	正妈正传	1.08	咱们结婚吧	1.17
5	门第	1.42	笑傲江湖	1.05	笑傲江湖	1.13

电视剧就像是一本人生操作指南，处于不同人生阶段的观众都希望从电视剧中读解生活的难题与经验。70 前及 70 后在《我的父亲母亲》中追忆，在《老有所依》中感悟，80 后则在《小爸爸》和《咱们结婚吧》中学习育儿经和脱单法，青春无限好的 90 后和 00 后也不甘示弱，正在大踏步追赶 80 后的节奏。

北方榜，历史剧《楚汉传奇》《精忠岳飞》上榜，剧集主题凸显历史正气与英雄豪情。南方榜排在同样位置的则是两部武侠经典的翻拍作品《笑傲江湖》和《天龙八部》。在对情感剧的偏好上，北方 V 用户更多地关注了《咱们结婚吧》《我的父亲母亲》《老有所依》这样现实感更强的作品，南方 V 用户则明显对《兰陵王》《最美的时光》这样浪漫色彩浓厚的作品更感兴趣。

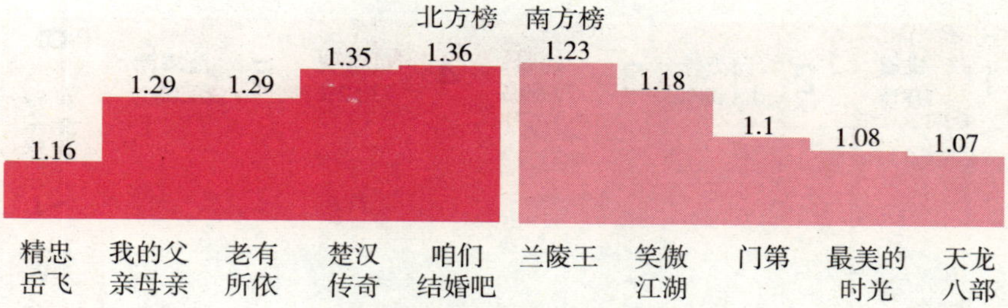

图 7　电视剧之南北榜

全 V 榜之最热明星

加 V 用户都在谈论哪些明星？全 V 最热明星提及榜，上榜的大多是混电影圈的，都是积势多年的“少壮派”，并且每个人都不缺话题性。如果非要找出成功突围的“黑马”，那就只能是 85 后的杨幂了（注：明星的入围标准是 2013 年度有其主演的电影电视剧上映）。

微博女王名不虚传，姚晨仍最具关注度和人气。她的私生活、影视作品等一直受关注，她关注社会公共事件勇于发声，渐趋“准公知”的范儿也让她收获了不少点赞和人气。她的影响力发于此圈，又不止于此圈。周杰伦高中榜眼，叱咤歌坛十余年的周董在 2013 年推出自编自导自演的电影《天台爱情》，影片融合了歌舞等多种元素，类型难以界定，但关注度不减。

总的来说，但凡 2013 年有好作品（或者说人气作品）交出的明星，排名都不会很差。可见，拍点好作品，很有必要啊。

影视圈中人，也是有偏好的。一般来说，这个圈子更趋向于作品导向，谈起明星来，也更有业务范儿。所以，如果你有好作品，别担心，你也有机会成为“影视圈”热议的 Queen 和 King。

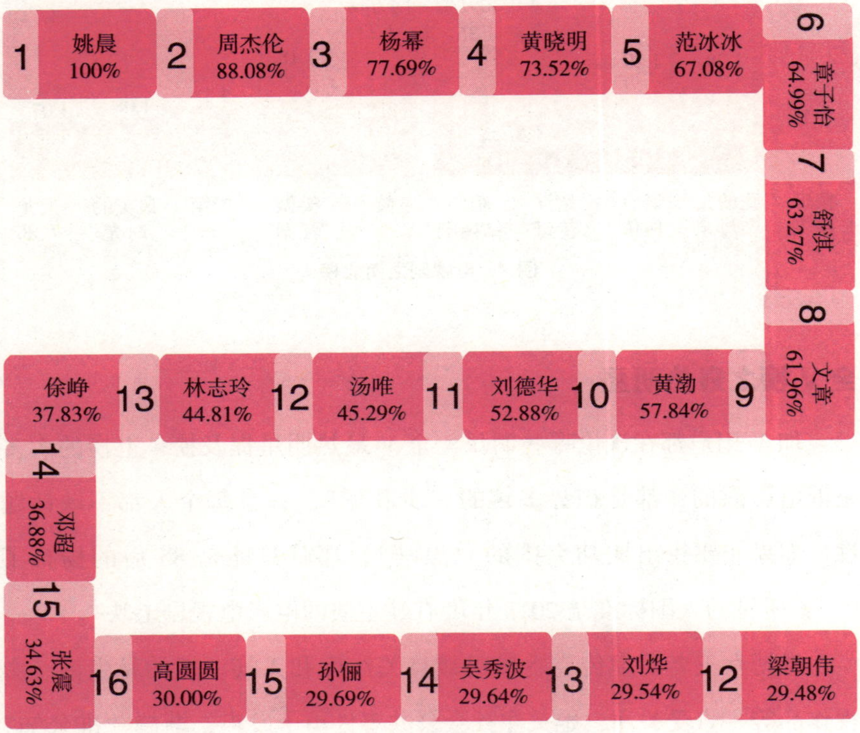

图 8　全 V 最热明星提及榜 TOP20

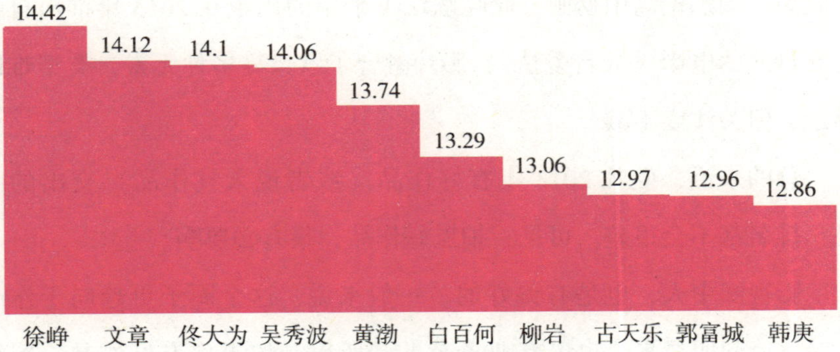

图 9　“影视圈”明星偏好提及榜

从 2013 年的榜单来看，在“影视圈”这个子关系网络中，大家提及比例最高的前十位明星，除了白百何、柳岩以外，全都是男星。另外，排名前十的演员许多都在类型片中有过令人印象深刻的表演，例如徐峥与黄渤在《无人区》中的表演，白百何为“小妞电影”代言，古天乐、郭富城则一直是警匪动作片中的“熟人”。

表 5 明星“加 V”粉丝榜

排名	演员	加 V 粉丝数
1	姚晨	136960
2	文章	135040
3	何炅	129955
4	谢娜	107725
5	王力宏	55222
6	杨幂	86113
7	舒淇	79307
8	马伊琍	74745
9	成龙	56521
10	李小璐	50932

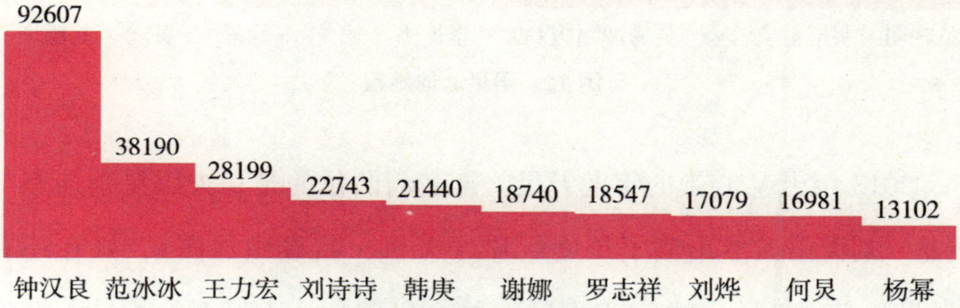

图 10 明星粉丝互动量排行榜

关于全V微博传播力榜单，我们先来解释一下。单纯的粉丝数作为评价微博账户影响力的指标已经显得日益鸡肋，在讲“关系”的微博平台上，血拼的是高质量的粉丝及有质量的互动。为此，我们新增了“V粉丝量”和“粉丝互动量”两个指标来衡量明星微博的实际影响力、传播力，在此基础上生成“微力榜”。

一般认为，微博粉丝中加V用户越多，微博传播力越强，辐射范围越广，影响力也越大。“粉丝互动量”则通过计算每条微博的转发量、评论量、点赞量总和来量化内容的实际传播效果和渗透力。我们选取每个明星微博转评赞量的中位数作为“粉丝互动量”的参考值。这两个指标让微博有力地摆脱了粉丝陷阱，不仅是微博账号健康程度的重要参考，同时也是微博活跃度、内容渗透力和号召力的重要指标。

在“加V粉丝榜”中，姚晨、文章、何炅摘得前三甲。“粉丝互动榜”的前三名分别被钟汉良、范冰冰、王力宏收入囊中。

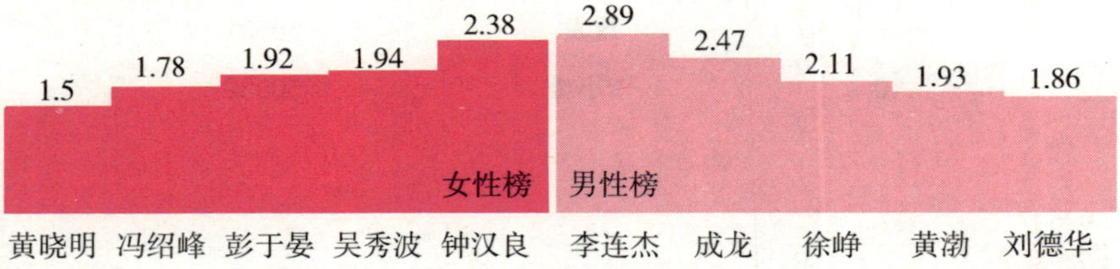

图11 男星之他她榜

2013年男V心中的年度男星，排名前两位的是功夫巨星李连杰与成龙。刘天王虽然出演了年度烂片《天机·富春山居图》，好在还有《风暴》替他扳回一城。《无人区》的好口碑则让人们对徐峥、黄渤这对黄金组合有了更多期待。

而在女 V 心目中，帅才是最重要的。痴情硬汉钟汉良、魅力大叔吴秀波、阳光型男彭于晏、儒雅小生冯绍峰，还有大众情人“二哥”黄晓明，这五人如今是国内影视圈最当红的帅气男神，也算聚齐了女性对未来伴侣的所有期待。

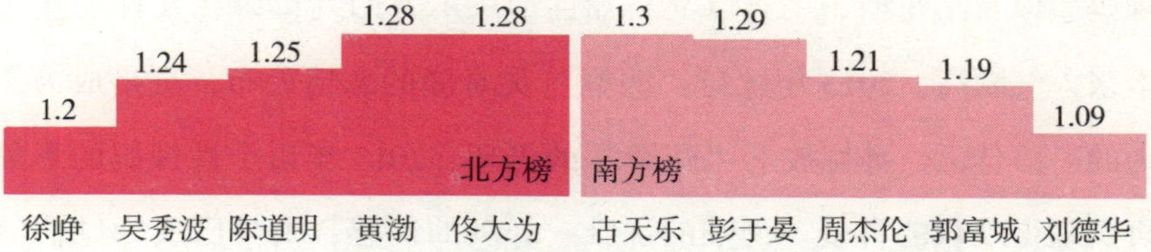

图 12　男星之地域榜

暂且不论周立波的咖啡大蒜论是否有道理，在喜欢男星的口味上，南北方 V 用户确实表现出了明显的差异。

北方 V 用户最喜爱的男明星前五位都是内地男星，分别是：黄渤、佟大为、陈道明、吴秀波、徐峥。而由于地缘文化的关系，南方 V 用户明显更青睐港台明星。古天乐、彭于晏、周杰伦、郭富城和刘德华才是他们的那杯茶。

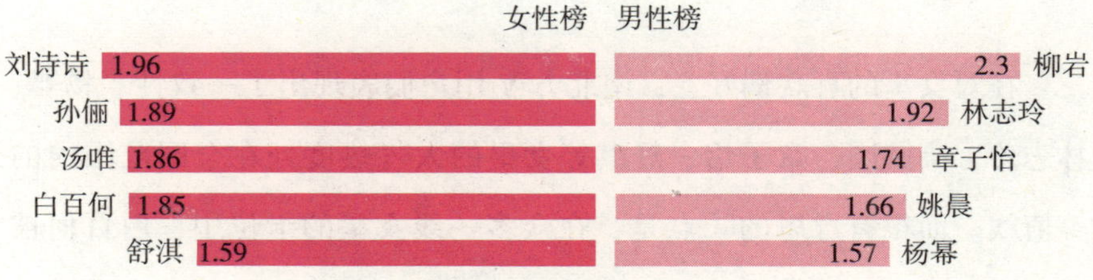

图 13　女星之他她榜

都说男人看女人的眼光和女人看女人的眼光是不一样的，“女星之他她榜”告诉我们，还真的是不一样的。

男性V用户最关注的女星，不是姚晨，不是范爷，不是国际章，竟然也不是志玲姐姐，而是柳岩。性感尤物，剑走偏锋，成为男人心中的新女神。

女性V用户提及最多的女星则可以归为三类：知性优雅型、个性辣妈型以及小妞型。一直以清新知性形象示人的刘诗诗在女性粉丝中素来人气颇高，2013年她与“四爷”吴奇隆的恋情公布，更是成为圈内的一段佳话。孙俪放下“甄嬛”的光环，2013年以个性辣妈的形象再次赢得观众的喜爱。汤唯的优雅、舒淇的性感，则早已成为她们的标签。至于不太着调的小妞白百何，大概正符合女性心中好闺密的形象吧。

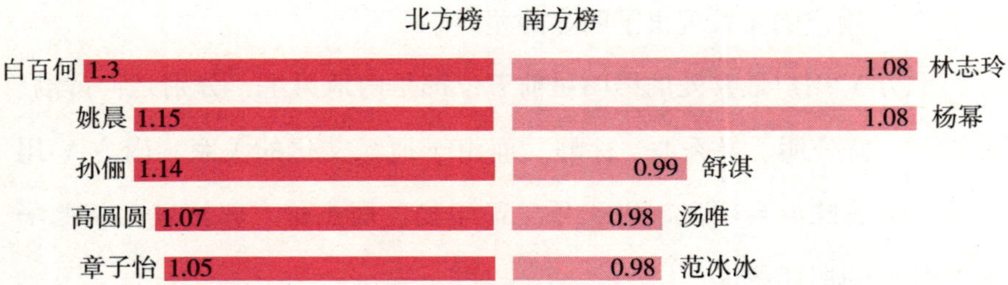

图14　女性之地域榜

在对女星的喜欢偏好上，南北方V用户们表现出了一致性。杨幂、林志玲、高圆圆、章子怡、舒淇等女星的人气热度处在全国范围内的等值线。而很有意思的一点是，在众多一线女星的卡位中，白百何被更多的北方V用户讨论、关注，看来“治愈系女王”的不着调在北方用户那里还是很受认可的。

后记

结局很美妙的事情，开头并非如此。如果数君（数托邦简称）说，一年前他从未想过自己会写一本《中国娱乐大数据》的书，你一定要相信。

时间这把杀猪刀，它果真让你“不忘昨日的来处”，刀刀在目。小伙伴们都把《属于谁的“小时代”》默认为是数君最早的标签，其实数君初次登台拿出的货是《影评人的圈子》;《爸爸去哪儿》获口碑王，数君对“口碑王”的分析在新媒体广泛传播也获赞口碑。《舌尖 2》周播是每周一次的“裸奔”，数君的每期微博收视分析又何尝不是？经得起赞美，也要挡得住质疑。为了有深度但又不枯燥，数君又是比喻拟人又是排比双关，又是卖萌耍宝又是深入浅出，“无所不用其极”。不仅要懂算法懂架构，还得懂点社会学，读点传播学，学点心理学，心系新媒体行业的未来，脚跟颠覆式创新大浪潮，根本停不下来！

一年来，数君见证了各种影视娱乐的“现象级”，时间也见证了数君的初长成。就在《中国娱乐大数据》完笔之际，数君突然对自己过去一年的时光有了具象的体会。

每一篇分析，都是一个故事，都记录了数君的一种状态；每一篇分析，都是一块探路石，都标注了数君的一次尝试；每一篇分析，都是一次拔节，都刻记了数君的一次得失。

身处变革的前夜或其中，数君的荷尔蒙分泌的就不是一般的多。在适当的时机出现，本身就是一种极大的幸运。仍处爆发中的大数据与变革中的影视传媒所产生的化学反应已足够让人惊艳。本书虽与娱乐相关，但其实不只是娱乐。新时代的用户、新锐的技术创新、新型的商业模式，都需要用大数据的眼光，帮助我们认清明天的去向。而这一切，才刚刚开始。

还需要感激有一众“惺惺相惜”的朋友，或明明或默默地支持和鼓励，肯定和勇气这种东西从来就不嫌多。脚印的愈加深厚是否可以算作是回应？

对了，据说现在不流行感人肺腑，只求刀枪不入。那好吧，数君要继续开工了，任务单上又好长一串了呢。期望再过一段时间，数君能给各位读者带来更多更好玩的。

数托邦